ENCICLOPEDIA
DE LOS SUEÑOS

María José Antón

LIBSA

© Coedición: Editorial Diana, S.A. de C.V.
México
ISBN: 978-968-13-4234-0

© 2007, Editorial libsa
San Rafael, 4
28108 Alcobendas. Madrid
Tel. (34) 91 657 25 80
Fax (34) 91 657 25 83
e-mail: libsa@libsa.es
www.libsa.es

Colaboración en textos: M.ª José Antón y Equipo editorial Libsa
Edición: Equipo editorial Libsa
Diseño de cubierta: Equipo editorial Libsa
Maquetación: Pía Vicente-Arche y Equipo editorial Libsa
Ilustraciones: Sandra Llanas
Fotografías: Archivo Libsa

ISBN: 978-84-662-1218-2

Contenido

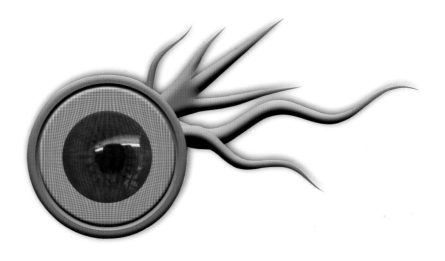

Introducción

¿Quién no ha soñado alguna vez? ¿Quién no se ha visto en sueños persiguiendo a una banda de ladrones al más claro estilo Indiana Jones o lanzándose al vacío desde lo alto de un precipicio?

Asistimos a nuestros propios sueños desde fuera, cual espectadores que contemplaran una película, y en ellos realizamos actos de los que seguramente seríamos incapaces, si estuviéramos despiertos. El cotidiano olvido al que están sometidos nuestros sueños nos impide ser conscientes de que soñamos todos los días y de que lo hacemos durante más de hora y media cada noche. Sin embargo, nos despertamos sobresaltados, incluso con los ojos llenos de lágrimas. Quienes nos rodean en nuestros sueños son personas conocidas, aunque con una apariencia extraña o, al menos, un tanto irreal.

Hasta hace no mucho tiempo se pensaba que el hecho de dormir constituía un estado pasivo en el que cesaba la consciencia y no se realizaba ninguna actividad, pero nada más lejos de la realidad. En los años cincuenta se descubrió que, cuando dormimos, entramos en un ciclo caracterizado por una caída del pulso cardiaco y de la tensión arterial y por una escasa actividad del sistema nervioso. Este ciclo transcurre durante la mayor parte del tiempo que permanecemos dormidos. Sin embargo, cada cierto tiempo nos vemos inmersos en otro tipo de sueño, mucho más profundo, caracterizado por una activación del sistema nervioso y una mayor relajación muscular. Durante este segundo periodo, conocido como sueño REM *(Rapid Eyes Movement)*, se producen los movimientos oculares rápidos y los sueños. Y esos sueños, por extraño que parezca, tienen que ver con nosotros. Provienen, como ya sostuvo Freud, de ese lado desconocido que todos tenemos, nuestro inconsciente. Y en cuanto manifestaciones de ese inconsciente, los sueños nos envían mensajes a través de un lenguaje simbólico.

La naturaleza de los sueños y su significado han preocupado y atraído a los seres humanos desde el principio de los tiempos. Ya Santo Tomás de Aquino, dentro de la tradición homérica, diferenciaba los sueños de origen natural de los sueños proféticos, cuyo origen debe atribuirse a Dios. Además, distinguía una tercera categoría, la de los sueños enviados por el demonio. Aunque a primera vista resulte extraño asistir al reconocimiento del carácter adivinatorio de los sueños por parte de los teólogos católicos, no debemos olvidar que tanto el Nuevo Testamento como el Antiguo citan en numerosas ocasiones sueños premonitorios enviados por Dios. El mismo San José había decidido repudiar a María antes de que el Ángel del Señor se le apareciera en sueños y le anunciara que lo engendrado en ella provenía del Espíritu Santo.

Entre los sueños premonitorios bíblicos más conocidos están el de Jacob, quien, dormido en el desierto, soñó con una escala tendida desde la tierra al cielo por la que subían y bajaban los ángeles del Señor, mientras él permanecía en lo alto, y el de Nabuconodosor, interpretado por Daniel como una premonición del declive del reinado bajo los sucesivos gobiernos hasta llegar a aquél establecido por Dios y que ya no tendría fin.

La interpretación de los sueños es una de las artes adivinatorias más antiguas. La encontramos no sólo en todas las culturas civilizadas, sino también en las sociedades primitivas de América, África y las islas del Pacífico. Al igual que los etruscos creían que existían relámpagos con valor adivinatorio, las primeras interpretaciones del universo onírico se basan en la capacidad de los sueños para anunciarnos lo que va a ocurrir en un futuro más o menos cercano, si bien la ciencia nunca les prestó atención a estos sueños premonitorios.

Las culturas más primitivas partían de un modelo interpretativo por el que se relacionaba de forma casi mecánica o directa la imagen onírica y su supuesto

La medicina ha aportado el componente científico en la interpretación de los sueños, el saber que ha ejercido una gran atracción para el hombre.

significado. El faraón Tutmosis IV cuenta que, siendo todavía príncipe, al quedarse un día dormido a los pies de la Esfinge de Gizeh, erigida en honor del dios Hormakhu, soñó que éste le decía: «La arena del paraje en el que transcurre mi existencia me ha cubierto. Prométeme que tú harás lo que desea mi corazón». Así, cuando Tutmosis fue faraón, retiró la arena que cubría la esfinge, y su reinado fue largo y próspero, tal y como el dios le había prometido en el sueño.

Así debió de ser también en el Antiguo Egipto, como se puede concluir del famoso papiro Chester Beatty III, documento que contiene una lista de ciento ocho sueños, con sus respectivas interpretaciones. Dicho texto se presenta dividido en dos columnas, de modo que la columna de la derecha describe una serie de actos o acontecimientos que pueden aparecer en los sueños, mientras la de la izquierda indica su interpretación. Los escribas emplearon la tinta negra para los sueños que designaban acontecimientos favorables, y la roja para los desfavorables.

Aparte de la sonrisa que puede arrancarnos el universo onírico de los antiguos egipcios, cabe destacar que sueños que pudieran interpretarse negativos *a priori*, como el hecho de ver una serpiente, posean un significado positivo, y viceversa.

Este mismo carácter meramente representativo del sueño podemos encontrarlo también entre los indígenas del archipiélago de las islas Hawai. El hecho de que una persona soñara que se le caía un diente estaba presagiando la muerte próxima de un pariente cercano o, si soñaba con plátanos, mejor sería no salir a pescar al día siguiente, pues seguro que la pesca iba a resultar infructuosa.

Es fácil entender la importancia que este pueblo concedía a los sueños, si pensamos que para ellos suponían el recuerdo de las comunicaciones nocturnas con los espíritus divinizados de sus antepasados y dioses. Estos pobladores indígenas creían que el alma, durante las horas de reposo, abandonaba el cuerpo y vagaba de un lado a otro. Era al amanecer o cuando el alma terminaba exhausta su viaje cuando, de nuevo en el cuerpo, recordaba estas experiencias.

A lo largo de la Historia, han sido muchas las posturas críticas contra este modelo interpretativo, que, si bien arranca de las primeras civilizaciones, llega hasta nuestros días. En contra de esta lectura meramente sustitutiva, surgieron todo tipo de intentos por recopilar el sinfín de posibles imágenes oníricas y reducirlas a unos cuantos significados predecibles. He aquí un fragmento de la valiosísima obra de Artemidoro:

En la interpretación de los sueños siempre hay que tener en cuenta la función del sujeto, ya sea agente o paciente.

«La pérdida de dientes supone en cada caso un obstáculo a las actividades correspondientes (...). Cuando [en el sueño] los dientes crecen desiguales, predicen que habrá discordia en la casa de quien ha tenido la visión, puesto que ya no reina la armonía. Quienes, teniendo sus dientes negros, estropeados o rotos, sueñan que los han perdido, quedarán libres de toda contrariedad y de todo mal. Con frecuencia, algunos se vieron privados de algunos parientes ancianos. Ostentar dientes marfileños es un indicio positivo para todos: a los amantes de las letras les vaticina elocuencia; a los demás, un rico patrimonio. Soñar que se tienen los dientes de oro es sólo favorable para los primeros, pues indica que hablarán como si su boca fuese áurea; a los restantes, les advierte de un próximo incendio en su casa. Cuando parece que los dientes son de cera, sobreviene un tránsito imprevisto. [...] Tenerlos de plomo o de estaño indica deshonor o vergüenza; de vidrio o de madera, simboliza una muerte violenta; tenerlos de plata significa que se ganará el dinero por medio de discursos. Si uno cree en sueños que pierde los dientes, pero que le nacen otros nuevos, esta visión le indicará una transformación de su vida al completo. Este cambio será positivo en el caso de que las nuevas piezas sean mejores que las anteriores y,

negativo, si son peores. Soñar que se tiene entre los dientes restos de carne, espinas o cosa similar, desaconseja pronunciarse sobre asuntos importantes y, además, anuncia desocupación. Si parece que se logra liberarse de estos impedimentos, se cesará de estar ocioso y se desarrollará una actividad a través de la palabra».

¡Qué casualidad! Los antiguos egipcios, los primitivos hawaianos y hasta nosotros soñamos lo mismo. Este hecho nos permite identificar cierto carácter colectivo y transhistórico de los sueños, «imaginados» por personas de muy diferentes culturas y épocas, al tiempo que nos plantea la cuestión de si verdaderamente no podríamos afirmar que existen sueños típicos o, quizá mejor, sueños tipo.

En cuanto al hecho de si soñamos en blanco y negro o en color, no parece haber una respuesta definitiva. No obstante, en todo sueño existe una base cromática dominante. Ahí está el azul de los sueños con el agua, el mar o el océano, o el rojo del fuego o el incendio. Esta referencia cromática juega un papel decisivo en el significado global del sueño, pues le añade a éste una característica más.

Por este motivo, es importante analizar el significado simbólico de cada color.

• COLOR ROJO. El rojo es el símbolo de la vida, la fuerza y la vitalidad, aunque, en sentido negativo, sugiere venganza y no fiereza. La fuerza, entonces, se traduce en excesos. También sugiere alarma y peligro. En la naturaleza, el rojo se asocia con el fuego y el calor.
Si su sueño está teñido de color rojo o ésta es la gama dominante, su subconsciente le está avisando de que usted ha sucumbido a la cólera o a una violenta pasión. En ese caso, debe saber controlarse para no verse desbordado por un exceso de vitalidad que puede resultarle fatal.

El rojo es también la imagen del fuego y, como tal, proyecta energía a su alrededor. Y esa energía es transmisora de vida. Es por eso por lo que la expresión de la pasión ardiente, de la sexualidad y el erotismo están relacionadas también con este color.

• COLOR AZUL. El color azul es símbolo de sensibilidad, y expresa armonía, amistad, fidelidad y verdad. Por lo general, va unido a la idea de fervor, que lleva a quienes sueñan con él a comportarse con una excesiva preocupación por quedar bien con los demás. Este color se asocia con el cielo, el mar y el aire. El azul claro puede sugerir optimismo pero, cuanto más se aclara, más pierde atracción y se vuelve más insulso y vacío. Cuanto más se oscurece, más atrae hacia el infinito.

El azul del cielo y del mar es infinitamente variable. Por tanto, si su sueño está teñido de azul, su subconsciente critica esa característica de su personalidad, que se traduce frecuentemente en inconstancia. Le reclama más empeño y perseverancia en las metas y proyectos nuevos que emprenda. Aunque, como hemos mencionado, se asocia a conceptos de compromiso, lealtad, fidelidad y justicia, también puede expresar tristeza, melancolía e, incluso, pasividad y depresión.

• COLOR VERDE. Es el color de la calma, y va asociado a conceptos como la salud, el crecimiento, la abundancia y la fertilidad. Si es éste el color que predomina en su sueño, la imagen le describe a usted como una persona firme, incapaz de decaer ante la desgracia, gracias a su espíritu sereno y lleno de determinación.

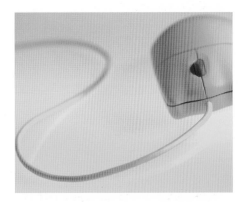

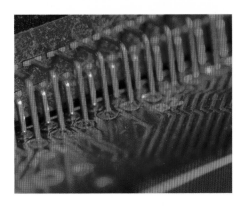

Las nuevas tecnologías y los grandes avances en todos los ámbitos que han invadido la vida moderna no han conseguido variar sustancialmente el sueño de los hombres.

A simple vista, puede aparecer en el sueño como una persona sentimental, afable y muy simpática pero, a menudo, su subconsciente le avisará de su aparente debilidad, que hará que haya personas que intenten aprovecharse de ello. Esa debilidad puede conducirles a un exceso de autocompasión y a que culpen a los demás de no haber conseguido las metas propuestas.

• COLOR AMARILLO. Es un color optimista, luminoso, cálido, y denota calor, entusiasmo y alegría. A pesar de su mala fama, es el color del sol, de la luz y del oro y, por tanto, es violento, intenso y agudo. Si es muy brillante puede indicar peligro y, si es muy suave, tal vez sugiera delicadeza. Si el amarillo es el color dominante en su sueño, la imagen se asocia con la intelectualidad y el pensamiento claro. Su subconsciente le presenta a usted como una persona de ideas claras y difícilmente manipulable.

• COLOR NARANJA. El color naranja le describe a usted en los sueños como una persona excesivamente altiva, con una enorme confianza en sí mismo.

Al ser el naranja el símbolo de los caracteres acogedores, cálidos, dotados de una fuerza muy positiva y energética, su subconsciente le presentará como una persona capaz de impresionar a los demás. El sueño le augura un éxito rotundo en todo lo que implique relaciones públicas, como la escena y la política. Pero tenga cuidado con su exceso de ego. Puede jugarle malas pasadas.

• COLOR ROSA. El rosa sugiere calma y tranquilidad. Si es usted mujer, este color puede llegar a interpretarse como símbolo de debilidad en ciertos entornos.

Su subconsciente quiere resaltar de usted su inclinación a servir al prójimo. Siente unos deseos enormes por volcarse a los demás, en una especie de sacrificio y con un verdadero anhelo de cooperación.

• COLOR VIOLETA. Es el color de la templanza, de la lucidez y de la reflexión. Define a los espíritus místicos, melancólicos e, incluso, introvertidos. Representa la grandeza y todo lo que se tiene en esta vida por importante.

Si el sueño se ve dominado por este color, su subconsciente le muestra a usted como un ser autosuficiente, dominante y más dado a la pompa que a la consecución de objetivos. Usted es de ese tipo de personas que huyen de lo ordinario y lo mundano. En el fondo, se considera superior a los demás. Ningún mortal tiene derecho a criticarle.

• COLOR NEGRO. El negro es el color de la seducción, del misterio, de la noche, pero también del mal, de lo clandestino, de la tristeza y la melancolía. Es también el color de la muerte y el luto.

Su subconsciente presentará las situaciones de color negro en esta dualidad, a la vez seductora y tenebrosa.

• COLOR BLANCO. El blanco representa la pureza, la inocencia. Su subconsciente destaca en usted su excesiva preocupación por los detalles, por mínimos que éstos parezcan. Usted es, en realidad, un espíritu insatisfecho, pues nada parece dejarle contento. Esta continua autoexigencia le lleva a mostrarse poco comprensivo con las circunstancias de las personas que le rodean.

A pesar de la importancia que los hombres han dado a los sueños, la Medicina clásica los consideró consecuencia de un malestar físico e, incluso, la evidencia de un caos mental imposible de descifrar. Habrá que esperar a Sigmund Freud para descubrir el

Tanto las personas que aparecen en los sueños como los símbolos, pueden estar relacionados con acontecimientos de nuestra vida diaria.

papel decisivo que tienen los sueños a la hora de conocer la personalidad del individuo. A partir de él, la interpretación de los sueños se incorporó al tratamiento psicoanalítico, pues Freud los entendía como una vía de acceso a lo inconsciente. El sueño expresa, de forma latente y a través de un lenguaje simbólico, el conflicto que está en el origen del trastorno psíquico. Para él y su escuela, cualquier sueño encierra la realización disfrazada de un deseo inconsciente reprimido.

Son muchas las personas que sienten la necesidad de saber qué quieren decir sus sueños y el mensaje que nos mandan, pero para ello tenemos que interpretarlos, saber qué significan. Y éste es el fin de esta enciclopedia, interpretar el mensaje de los sueños y, de esta forma, poder descubrir los deseos, miedos, preocupaciones y obsesiones que pueblan nuestro inconsciente.

A la hora de recordar un sueño e interpretar su significado, no olvide prestar atención a los siguientes aspectos:

a) El argumento o tema del sueño, que puede presentar una estructura sencilla, compleja o carente de toda organización.
b) El personaje o personajes y su papel en el sueño, sin olvidar la perspectiva que adopta el propio soñador, como protagonista del sueño, personaje o mero espectador.
c) El marco en que se desarrolla la acción, bien se trate de un espacio cerrado o abierto.
d) El vestuario o disfraz de las personas que aparecen en el sueño, que modifica el aspecto exterior de cada personaje y nos indica sus intenciones.

El protagonista y el contexto en el que se produce el sueño son claves para su posterior interpretación.

En los sueños, además del contexto, también son importantes esos pequeños detalles que pueden alterar totalmente el significado.

Freud ordenó los sueños en una especie de catálogo de símbolos, y demostró que todas las pasiones y emociones reprimidas aparecen de forma inevitable en la mente de los seres humanos cuando se meten en la cama y cierran los ojos. Ése ha sido también nuestro objetivo, hacer de esta enciclopedia una guía en la que poder encontrar todos y cada uno de los objetos que pueblan sus sueños.

Esta enciclopedia le abre, por tanto, la puerta, ya no sólo a sus sueños, sino a su propio subconsciente. A través de sus páginas aprenderá a ver qué cosas se reprocha usted mismo desde su yo más interno o qué augurios le predice la presencia de una simple mariposa.

Nuestros sueños, en cuanto responden a las preocupaciones e inquietudes más íntimas del hombre, abarcan todas las facetas de nuestro mundo. Por ello, en estas páginas va a encontrar respuesta a todos y cada uno de sus miedos.

Cada capítulo se centra en una faceta del mundo onírico. Analizaremos la relación de sus sueños con la Naturaleza (astros, fenómenos atmosféricos, animales, flores y espacios), y será ahí donde descubra el significado de esos toros que le persiguen o de la montaña que una y otra vez se empeña en ascender. Ahora entenderá qué significa ese río ante el que nunca sabe si dar el paso de cruzarlo o no.

En un segundo capítulo, se encontrará con la imagen de esos seres que pueblan su fantasía. Unos siempre atrajeron su curiosidad, como la sirena y su canto embelesador, y por otros siempre sintió cierto respeto y curiosidad, como las brujas y vampiros. Además de a interpretar el significado oculto de cada uno de ellos, le enseñaremos artimañas tan interesantes como la de atrapar brujas, una vez que el nuevo día empieza a despuntar.

No por ello nos hemos olvidado de los sueños relacionados con realidades que le resultarán más próximas. Éstas abarcan facetas del hombre en sí mismo y de su propio mundo. Se trata de imágenes muy cotidianas que le permitirán analizar todo aquello que le rodea, desde su propio cuerpo, en sueños en los que se verá con barba, posiblemente sin dientes y hasta puede que embarazada, a ese momento en el que es visitado por un personaje tan real como el cartero o en el que se come una manzana, abre una caja donde descubre que alguien le acaba de regalar un diamante o asiste a un examen.

Los sueños no tienen por qué representar realidades lejanas. Es más, va a aprender que todas y cada una de estas imágenes vienen dadas por su subconsciente, que quiere alertarle o avisarle, pero siempre de un suceso o acontecimiento real y próximo.

Junto a estas realidades cotidianas, el hombre siempre ha deseado descubrir nuevos mundos y abrir su vida a horizontes nuevos. También los sueños reflejan ese anhelo y, como tal, le harán subir, cargado o no de maletas, a un barco o a un tren. Tal vez ese mundo nuevo esté debajo de ese disfraz que el sueño le hizo llevar aquella noche en un baile de máscaras. Incluso podrá relacionar el sueño de ayer noche con el de la noche pasada a través de una serie de referencias cruzadas que le llevarán del sueño con una maleta al viaje y, de ahí, al símbolo del agua o al del barco, por ejemplo.

Pero, como en la vida misma, el hombre y su mundo no son realidades tan idílicas, ni siquiera en el universo onírico. También usted tiene instintos primarios, en cierto modo destructivos, que van a salir a la luz cuando se vea en sueños blandiendo una espada o intentado envenenar a cierta persona. Soñará con accidentes, asesinatos, con conceptos como la muerte o la oscuridad.

Las preocupaciones del entorno familiar se reflejan reiteradamente en el mundo de los sueños.

Parecerá como si la propia Naturaleza, ésa tan idílica del primer capítulo, se hubiera conjurado también aquí contra nosotros, y se despertara con la fuerza de un terremoto o un incendio.

Para terminar, los sueños responderán también a esa preocupación tan innata del hombre por atraer a la suerte y por crear símbolos. Usted, como el resto de los mortales, querrá saber qué debe hacer para que la suerte esté de su lado, y se lo vamos a mostrar.

La fortuna se le acercará en sueños en una partida de cartas o de dados. Recuerde que lo que se está jugando, de forma inconsciente, es su propia vida. ¿Se había parado a pensar alguna vez que los cincuenta y dos naipes de la baraja coinciden con las cincuenta y dos semanas que tiene el año? Preste atención al palo que pertenecen sus cartas. No es lo mismo que salga una copa o una espada, y tampoco la advertencia que le quiere hacer el subconsciente con cada una de ellas. Le enseñaremos qué tiene que ver con ella la imagen de la rueda, y cómo los números pueden darle una pista de su personalidad. Seguramente, con los años ha ido cambiando su número favorito y, tal vez, se vea en sueños con la camiseta del número tres o del cinco. No piense que un dato así responde al azar. ¿Acaso va a dar el paso que tanto le costaba o es un espíritu aventurero el que le lleva a probar una experiencia nueva?

Además del significado de símbolos tan conocidos como una bandera o una balanza, le acercaremos al de un laberinto o una tela de araña. La cuerda o un simple ovillo de hilo se convertirán en la medida de su propia vida. ¿Qué tal anda de salud? No olvide que el hielo corre parejo a su vida.

En este final de etapa, le propondremos un nuevo viaje que le llevará desde el centro de la Tierra al fuego. Allí hay alguien que le está esperando. No tema. sus sueños no le van a decir nada que usted no sepa. Sólo va a aprender a interpretarlos. ¡Buena suerte!

El hombre
y la naturaleza soñada

Desde el principio de los tiempos, el hombre descubrió la importancia que la Naturaleza tenía en el devenir de su vida, y decidió no alterar sus distintos ritmos, sino vivir en armonía con ellos. Conocía la energía y las influencias de la Naturaleza, y aplicaba esos conocimientos en su vida diaria.

De esta forma, se dirigía a los astros y les ofrecía plegarias y ofrendas antes de la siembra y la recolección. La Naturaleza era símbolo de una fuerza fertilizadora que el hombre entendía que debía atraer en su beneficio. Incluso, llevó a cabo prácticas mágicas destinadas a fomentar y a asegurarse su influencia positiva. No olvidemos que las escenas de caza de las pinturas rupestres intentaban, dentro de su carácter mágico, atraer a la suerte para una próspera cacería, y que las sacerdotisas vestales se cuidaban de mantener siempre encendida la llamada sagrada, que representaba la luz lunar, una llama que no debía extinguirse jamás. Pero hacia finales del siglo XIX ese conocimiento y respeto de los ciclos naturales cayó en el olvido. El hombre creyó que podía ignorar la sabiduría de sus antepasados, y así lo hizo. No se dio cuenta de que, irremediablemente, formamos parte de la Naturaleza y de que somos una más de entre todas sus criaturas. Queramos admitirlo o no, la Naturaleza sigue imponiéndonos sus flujos. Parece como, si empeñados en olvidarnos de ello, la Naturaleza nos impusiera su ciclo en el mundo de nuestros sueños.

Por este motivo, en este capítulo nos enfrentamos a su influjo, al influjo de los astros, pero también de los propios fenómenos atmosféricos. La Luna podrá ponernos en aviso ante la aparente volubilidad de nuestro carácter o quizá también la busquemos como amuleto y, mañana, después de leer estas páginas, nos sorprendamos comprando un colgante con una media luna para obtener su socorro durante el nacimiento de nuestros hijos.

Los sueños con la Naturaleza nos pondrán también delante de los animales más temibles. ¿Quién iba a decirnos a nosotros que íbamos a vernos cara a cara con un dragón? Aunque ahora desconozca su significado, le adelantamos que aprenderá de él cuál es la actitud que debe adoptar en cualquier situación comprometida. Descubrirá del dragón por qué se da media vuelta en las peleas y, tal vez como las familias chinas, decida poner un dragón en su casa.

Se verá en sueños recibiendo un ramo de rosas pero, ¿acaso se había parado alguna vez a descifrar el significado que ha querido darle quien se lo ha regalado? Para ello tendrá que acordarse del color de las rosas de su sueño. Para empezar, le advertimos de las rosas amarillas y también de la intención de la persona que se las obsequió.

Por último, la Naturaleza nos abrirá su espacio para situarnos en sueños en la cima de una alta montaña o frente a un río ante el que no nos decidimos a cruzarlo.

Empeñados en dejar de ser parte de la Naturaleza, ella insiste una y otra vez, y nos obliga a seguir atados a sus ciclos. Estos sueños nos devolverán a nuestra esencia y nos enseñarán a vivir en ella en plena tormenta o batidos por el viento con una mariposa en la mano.

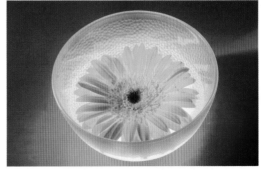

Soñar con astros

ASTROS. Desde tiempos inmemoriables, el ser humano ha buscado su destino por medio de los astros. El brillo de las estrellas, el color y su resplandor nos incitan a pensar en lo marcado de nuestro destino. Cuando el astro que aparece en sueños pertenece a uno de los planetas del sistema solar, se debe consultar su simbología para entender así el significado del mensaje que representa.

ESTRELLA. Soñar con estrellas o con un cielo estrellado es signo de felicidad. Comienza para usted un período de buena suerte, que afectará a todas las facetas de su vida. Las estrellas anuncian que, de alguna forma, va a recibir la ayuda de una fuerza superior.

Tal vez el encuentro sea con una persona a la que no ve hace mucho tiempo, un amigo, o un conocido. En cualquier caso, es alguien que va a interceder por usted y le va a apor-

tar mucho, bien un sabio consejo e, incluso, dinero para salir adelante o para montar ese pequeño negocio que tenía en mente desde hace tiempo.

Si sueña con una estrella fugaz, es hora de pedir un deseo. Ésta es la oportunidad que estaba buscando, y quizá sea única.

Por el contrario, si sueña con estrellas de luz débil y que se precipitan a la tierra, es un aviso de que la fortuna va a provocar un revés en su vida. Esté atento, pues la imagen le está advirtiendo de un acontecimiento desagradable y negativo.

LUNA. Nuestra experiencia nos dice que la Luna se contrapone al Sol de forma complementaria, si bien, el Sol representa una constante fuente de luz y calor que desaparece en su viaje nocturno y reaparece por la mañana, mientras la Luna es variable, incluso en su horario de salida.

Hay quien cree ver en la Luna un principio negativo, puesto que simboliza la destrucción de las formas agotadas y del reino de la noche y la oscuridad. En este sentido, soñar con la Luna señala la existencia de aspectos oscuros en su personalidad, aspectos que usted se niega a reconocer como suyos. Su subconsciente le está sugiriendo que trate de analizarlos y de poner cierta luz sobre ellos.

Pero tras el símbolo de la Luna se esconde una enorme paradoja: la de la luz en la oscuridad. Pero es una luz que no permanece idéntica, es una luz cambiante. En ese sentido, la Luna es el astro que preside el ritmo de la vida en la Tierra y, como tal, nuestros antepasados, ayudados de calendarios solares y lunares, conocían las influencias de la Naturaleza, y aplicaban esa sabiduría a la vida diaria.

La Luna aparece y desaparece; su propia existencia está sujeta a la ley universal del devenir, al nacimiento y la muerte. Ella misma nos revela su condición humana, sujeta al ciclo de la vida y la muerte, aunque no a la extinción.

Según esto, otra posible interpretación de su sueño sugeriría que en usted mismo se va a producir también «la muerte» de un ciclo de su vida. Debe entenderlo así. Cuando se vea contemplando la luna o cuando ésta domine su sueño, debe renunciar a todos aquellos rasgos de su personalidad que tanto tiempo le han acompañado y que sólo suponen un gran peso para usted. Tras esta muerte metafórica, surgirá un nuevo día.

Si en su sueño se ve dominado por la presencia de la luna, su subconsciente puede estar avisándole de que le está concediendo demasiada importancia en su vida a la intuición. No olvide que la Luna aporta tanto inspiración como locura y, aunque en usted dicha intuición esté más cerca del visionario que del lunático, debe tener cuidado. Deje que el pensamiento racional tenga también su parcela de importancia en su forma de comportarse o, en cualquier momento, acabará perdiendo sus vínculos con la realidad.

Durante milenios, la Luna ha sido el símbolo que ha representado el principio femenino en todo el planeta. Para el hombre antiguo, la Luna era símbolo de la esencia femenina, en contraste con la esencia del hombre, de carácter solar. Esta íntima conexión vinculaba a la luna con el proceso de la gestación y el parto. En este sentido, muchas tribus de Nigeria creen que no se necesita varón para la procreación, ya que la Gran Madre Luna manda al Pájaro Luna a la Tierra para traer un niño a quien lo desee. Esta tradición no está muy lejos de la nuestra, cuando aseguramos que es una cigüeña quien trae a los bebés.

Por tanto, otra posible interpretación de su sueño con la luna recogería su anhelo de ser madre. Tal vez, usted contemple la imagen de su protectora celeste para pedirle no sólo que fomente su poder fertilizador, sino que le asegure un parto fácil. En nuestros días, las mujeres del sur de Italia llevan una media luna como amuleto para obtener la ayuda de la Luna en el nacimiento de sus hijos.

Ya hemos mencionado el carácter variable de la Luna, con su caprichoso horario. Esta extraña cualidad puede ser la que su subconsciente quiera criticar en usted, si sueña con la luna. Debe prestar atención a ese carácter inconstante y variable tan suyo. Seguramente, como en el caso de la Luna, hay un orden oculto en la base de esa aparente volubilidad, pero ha de tratar de controlarla.

SOL. A Apolo, dios del Sol, se le denominaba caballero del Olimpo, y se le representaba como un joven bello, de cuerpo atlético y proporciones perfectas. A la entrada de su templo en Delfos figuraba la inscripción: «Conócete a ti mismo». Y éste es el primer significado que puede tener su sueño, si la imagen onírica le presenta un sol.

Al igual que el Sol da la luz, también logra encender la luz interior y, por tanto, es símbolo de la conciencia. Este mismo sol es el que le va a ayudar a acabar con la oscuridad que domina su yo interior. Puede que sienta que dentro de usted hay toda una serie de

El Sol aparece, por tanto, como un sanador interior porque arroja luz sobre todo aquello que se queda sin su brillo, sumido en la oscuridad. Ayudado por la música, Apolo va a restaurar su armonía interior.

El Sol es también el dios que provee de inspiración, pero el arte del Sol astrológico puede que no se entienda como arte en sí mismo, ya que es posible que se manifieste en la forma en que cada uno de nosotros vive su propia vida. Por tanto, el sueño solar le sugiere que busque aquel camino que más inspire a su espíritu; ha de encontrar «una vocación», remunerada o no, que le permita mantener sus valores y su visión del mundo. Quizá no se dedique a ella pero, para sentirse bien consigo mismo, le bastará con dedicarle unos cuantos momentos.

El dios del sol nos manda así un mensaje que nos invita a trazar un diseño interior de nuestro destino y, de esta forma, nuestra vida cobra sentido. A Apolo se le llamó el dios de

conflictos inconscientes sin resolver; incluso, sentimientos atrapados que vienen del pasado. Y es contra ellos contra los que debe luchar.

Ya en la antigüedad se encomendaban al sol los atormentados por la culpa. De la misma forma, debe tener claro que todo aquello que se guarda en lo oscuro no se puede cambiar y, además, nos impide crecer. Pero, con la ayuda del Sol, usted podrá deshacerse de esa especie de herencia y vencer las fuerzas del destino.

En cuanto Dueño del Mundo, del griego cosmocrator, el Sol va a arrojar también luz sobre los distintos ciclos de nuestra vida personal. A su luz, usted va a poder expresar y reflexionar sobre sus conflictos internos. Su subconsciente pone ante usted ese gigantesco disco, entorno al que gira el sistema solar, para que acabe con la destrucción que domina su mundo interior.

la doble lengua porque sus predicciones dejaban a la gente perpleja. Cuando busque en su interior la vocación de la que hablamos, podrá ver la persona en que potencialmente es capaz de convertirse.

Hasta aquí, todos los sueños nos presentan la imagen de un sol que brilla. Pero si el sueño le muestra tapado el sol por las nubes, su subconsciente quiere hacerle ver que es su sol natal el que usted no es capaz de desplegar desde su interior. Si es así, usted cae en la depresión, depende excesivamente de los demás y le vence la falta de confianza en sí mismo. La pérdida de la luz del sol equivale a perder el sentido del propio significado como individuo. No olvide que su entorno puede llegar a ser terriblemente destructivo. Niéguese a «servir» a la luz de nadie, a adoptar el rol de guardián y a experimentar temor de expresar su propia luz.

Puede que se quede solo, pero podrá seguir viviendo, no así si se queda sin ninguna razón para vivir o si intenta vivir a través de los otros. El precio de disfrutar de la luz del sol es, en cierta medida, la soledad. El miedo a la soledad y a la envidia serán los grandes enemigos de su luz.

Soñar con fenómenos atmosféricos

LLUVIA. Si la lluvia hace aparición en sus sueños, son muchos los aspectos a considerar. En primer lugar, la lluvia debe entenderse como un correlato del plano psicológico de nuestra personalidad. Así, si la lluvia cae con intensidad en el sueño, es reflejo de una vida emocional intensa, pero llena de sobresaltos. Si se trata de una lluvia fina, eso quiere decir que usted consigue dominar sus emociones.

En segundo lugar, debe tener muy en cuenta su actitud ante un hecho tan real como el llover. Si la lluvia le moja, muy pronto se verá libre de esos problemas y preocupaciones que le invaden en la vida real.

Si es un aguacero lo que cae y usted se empapa, el sueño le avisa de un futuro amor que está ahí esperándole a la vuelta de la esquina y que va a hacer presencia en el momento más inesperado.

Si la lluvia es muy intensa y usted la mira con recelo, no descarte un período difícil; quizá el sueño también quiera hacerle ver que en la vida real no está sabiendo controlar sus emociones.

Por último, si se ve contemplando la lluvia desde una ventana, el sueño quiere que se dé cuenta de que está reprimiendo sus sentimientos. Salga a la calle y déjese mojar por el agua.

NIEBLA. Las nubes bajas que forman la niebla dificultan la visión de lo que tenemos delante hasta tal punto que hay veces en las que no podemos distinguir más allá de un metro de nosotros.

Por tanto, la presencia de niebla en su sueño hace alusión a cierta confusión que domina su mente y que no le permite percibir ni apreciar debidamente las cosas. Tal vez lleve una temporada dándole vueltas a una idea fija, una idea que usted cree cierta y en

la que se ha empeñado en sacar adelante por encima de todo. La imagen de la niebla le sugiere que revise la probabilidad de que ese proyecto se lleve a cabo. Ya que no puede ver bien, tampoco puede reconocer ni distinguir dónde están los límites que hacen de su objetivo una meta imposible o difícil de alcanzar.

También puede ocurrir que la niebla no se refiera a un hecho externo a usted, sino a su propia confusión interna. En este momento, se siente tan turbado que no acierta a seguir adelante. Si es así, su subconsciente le está sugiriendo que haga un alto para explicarse a sí mismo lo que está ocurriéndole. Las causas pueden ser de naturaleza muy diversa, pero es a usted a quien le toca resolver de qué se trata para poder arrojar cierta luz sobre la situación.

NUBE. Las nubes son objetos cambiantes, cuya forma varía de un instante a otro por la

mera presencia de una ráfaga de viento. Y es eso también lo que le ocurre a la relación con su pareja. Soñar con nubes le está avisando de que se trata de una relación voluble, en continua crisis. Por tanto, debe hacer algo. Es su subconsciente quien le está reclamando cierta estabilidad sentimental.

Por el contrario, si su sueño tiene lugar en un día claro, de nubes blancas y luminosas, confíe en la suerte. Empieza una nueva etapa donde tiene a la fortuna de su parte.

TORMENTA. Las tormentas, sobre todo las que van acompañadas de gran aparato eléctrico, suelen producir cierta angustia y temor en las personas que las viven de cerca.

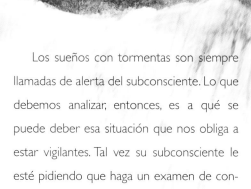

Los sueños con tormentas son siempre llamadas de alerta del subconsciente. Lo que debemos analizar, entonces, es a qué se puede deber esa situación que nos obliga a estar vigilantes. Tal vez su subconsciente le esté pidiendo que haga un examen de conciencia global.

La alerta puede deberse a ese estado anímico de desequilibrio por el que pasa en los últimos tiempos. La tormenta es un fiel reflejo de la excitación de su estado emocional. Últimamente, usted es incapaz de conciliar el sueño y todo le molesta. Ante cualquier cosa salta y no permite la más mínima broma.

Esa violencia con la que se comporta puede deberse también a que no se siente bien consigo mismo ni con la vida que lleva. Pero si es así, debe empezar a quererse y a apreciarse a usted mismo por lo que es.

La alerta puede avisarle también ante algo más o menos perjudicial que puede traerle desgracias o adversidades a usted y a los suyos. La tormenta es una premoni-

ción para que esté prevenido. Revise todos los temas que tenga pendientes y analice su relación con las personas de su entorno. Tal vez se trate de una enfermedad grave o de una serie de injurias o desórdenes que provoque un alejamiento de su familia o de sus amigos.

VIENTO. Eolo era el dios de los vientos. Zeus le había concedido el poder de gobernarlos, y él los tenía encadenados en un antro profundo para que no provocaran enormes desastres.

Esos mismos desastres son los que puede originar el viento fuerte y violento, si es así como sopla en su sueño. Eolo ha decidido liberarlo, pues es él quien lleva el cetro de la autoridad. En ese caso, debe esperar una etapa de confusión mental y espiritual. De alguna forma, se equivocó a la hora de tomar un camino u otro, y su comportamiento le está llevando a la autodestrucción. Las pérdidas pueden ser irreparables. Tal vez se ha propuesto alcan-

zar una serie de metas que estaban perdidas de antemano.

Si, por el contrario, lo que sopla es una suave brisa, la imagen sugiere un futuro esperanzador. Ese cambio de conducta que se está produciendo en usted le traerá todo tipo de éxitos, sin contar con que tendrá a todas las personas que le rodean a su favor.

Soñar con animales

ABEJA. La abeja es uno de esos animales sagrados al que se le consideraba mensajero de los dioses. Por tanto, su presencia en nuestros sueños suele ser señal que indica y anuncia un buen presagio.

Si en su sueño las abejas trabajan laboriosamente en la fabricación del panal de la miel, o van de flor en flor recogiendo polen, la imagen le anuncia éxitos importantes, especialmente en el terreno profesional.

Para conseguirlos, no dude en buscar a las personas que puedan ayudarle a que sus asuntos salgan adelante.

Si las abejas corren detrás de usted en su sueño y acaban picándole, su subconsciente le pone en alerta hacia alguna persona en la que usted ha confiado siempre y a quien siempre ha apreciado. Mire a su alrededor e intente analizar quién puede desearle el mal, o puede tenerle envidia. Seguramente, no le va a resultar nada fácil encontrarla. No tema ni se sienta defraudado: de no haber sido avisado, esa persona habría acabado con usted.

Si, al abrir la colmena, ve que las abejas han muerto o, al acercarse a ella, comprueba que alguien ha destrozado los panales, la imagen le indica que va a pasar por situaciones que pondrán en peligro sus finanzas. Tal vez tenga que enfrentarse a conflictos de toda naturaleza con sus socios de trabajo.

También la imagen puede estar haciéndole caer en la cuenta de esa tendencia que tiene usted últimamente a aislarse de forma voluntaria y a actuar sin pensar lo más mínimo en las personas que le rodean. Su subconsciente quiere avisarle de que, tarde o

temprano, comprobará que necesita a los demás para salir adelante.

ÁGUILA. El águila es un animal relacionado con el sol, seguramente por la majestuosidad con que vuela delante del astro. Por tanto, se la considera reina de los cielos. Simboliza la liberación de los valores terrenales y un espíritu sin ataduras. Al volar por el aire, representa el mundo mental.

Si un águila vuela en su sueño, su imagen le inspirará majestuosidad y grandeza, pero anuncia soledad. Es la soledad de aquellos espíritus que han abandonado las ataduras materiales y que viven en un estado de liberación espiritual.

No obstante, debe tener cuidado de no aislarse del resto de la humanidad, pues corre el peligro de creerse superior al resto de las personas y quedarse solo. Segu-

ramente, va a tener que tomar decisiones elevadas. Para usted ha comenzado una etapa de búsqueda interior.

Si el águila fuese abatida, el mundo onírico está sacando a la luz todos esos proyectos en los que usted había puesto sus esperanzas y esfuerzo. Su subconsciente los presenta como proyectos truncados que nunca saldrán adelante, pero no debe caer en el abatimiento usted también. Lo más lógico es que se tratara de metas y objetivos imposibles en los que no merecía la pena comprometerse.

Si el águila le ataca, la imagen le avisa de personas poderosas que quieren acabar con usted precisamente por tener ese espíritu tan libre que siempre le ha caracterizado. El águila, en cuanto animal, representa la parte más instintiva del ser humano y, por tanto, las tendencias más ocultas y reprochables. Tal vez le atacan porque usted se ha convertido en una persona que les estorba para llevar a cabo sus planes. En ese caso, no tema porque usted representa la victoria.

ARAÑA. Las arañas son siempre portadoras de noticias. Si está pasando por una buena racha, quizá el sueño le anuncie que la suerte puede cambiar. Si, por el contrario, le van mal las cosas, se le abren nuevas e inte-

resantes expectativas. Eso sí, no mate nunca las arañas. Si lo hace, puede que impida que ese cambio se produzca.

Si con lo que sueña es con una telaraña y usted se queda contemplándola, absorto de admiración, se encuentra en un proceso de crecimiento interior, y todas las fuerzas están de su lado para que así sea.

Si la tela de araña llega a producirle miedo y se ve atrapado en ella, interprételo como una advertencia: alguien pretende engañarle. Tenga cuidado.

CABALLO. El caballo es símbolo de esos deseos que aún no se han materializado. Dependiendo de su color y estado, esos deseos se harán realidad o, por el contrario, nunca se llevarán a cabo.

Soñar con caballos que trotan apaciblemente en el pasto traduce su esperanza de que sus proyectos se hagan realidad. Si el caballo es blanco, le dará fuerzas para triunfar y la salud necesaria para disfrutar de la vida, al tiempo que éxito en lo que a trabajo se refiere. Si los caballos están famélicos y los pastos son pobres, indica todo lo contrario.

Si sueña con un caballo negro, su subconsciente le está reprochando su mal carácter y el trato despótico y hasta brutal hacia las personas que tiene a su alrededor y que tanto afecto le tienen, aunque esa conducta no le impedirá tener éxito en sus asuntos. Si es usted una mujer casada, este mismo sueño le alertará de futuros problemas con su marido, que pueden llegar incluso al maltrato.

Si su sueño es con un caballo herido o lastimado, la imagen pronostica que, en un breve período de tiempo, se van a presentar una serie de dificultades en relación con

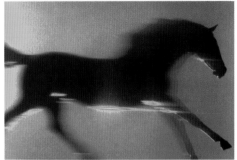

todos aquellos proyectos que tenga pendientes. Tal vez sea un amigo el que se encuentre en apuros y, en ese caso, es él quien le pide ayuda.

Uno de los sueños más frecuentes relacionado con el símbolo del caballo es el que le presenta a usted montado a caballo cruzando un río. Esta imagen le anuncia importantes ganancias en sus negocios y, además, muy próximas.

Si el caballo se cae y usted se ve saliendo del agua y llegando a tierra, el sueño pronostica que va a tener dificultades para salir adelante, pero acabará superándolas.

Soñar que un caballo no se deja montar anuncia los muchos problemas que va a tener en todos los aspectos de su vida. Sus proyectos de futuro dejan de tener viabilidad a corto plazo. Lo más sensato sería que se olvidara de ellos y no les prestara mayor atención. Seguramente, se trata de metas imposibles o en las que no merece la pena invertir más esfuerzo ni dedicación.

Si la imagen del sueño le presenta poniéndole herraduras nuevas al caballo, su subconsciente le alerta ante esos negocios poco honestos y un tanto sospechosos en los que tiene pensado meterse. Usted mismo sabe que se trata de una empresa un tanto arriesgada, y hasta poco ética, pero son tantas las ganancias que puede sacar... Es el momento en que, al verlo desde fuera, puede pensarse si realmente le merece la pena.

Si sueña con un caballo que tira de un arado, todo ese esfuerzo que hace el animal por trabajar la tierra traduce el que a usted le va a costar resolver esos problemas que aparentemente no tienen solución y a los que se está enfrentando en la vida real.

Si el sueño es con un caballo de carreras, la imagen le alerta de estar comportándose con demasiada frivolidad o, en otro plano, con excesiva precipitación. En uno u otro caso, su comportamiento le está haciendo exponerse a pérdidas importantes.

Por último, si una mujer sueña que va cabalgando a caballo y lleva detrás a un

hombre, su subconsciente saca a la luz ese deseo oculto e íntimo de que su acompañante le realice una proposición de matrimonio.

Si se asusta de ir cabalgando en esa compañía, la imagen desvela el temor y la falta de confianza que siente hacia el pretendiente.

CERDO. Todos tenemos la imagen de un cerdo en nuestra mente, y seguro que coincidimos al describirlo como un animal al que se cría y ceba para aprovechar su carne y grasa.

En los sueños, la presencia de un cerdo es sinónimo de placer. La imagen de este animal debería hacerle pensar si no está dedicando demasiado tiempo al trabajo o a cuestiones en las que es la razón la que cuenta. De ser así, su subconsciente quiere que caiga en la cuenta de que hay otras formas de vida. Debería dejar libres sus senti-

dos y disfrutar de cualquier oportunidad que se le presente en la vida.

Puede ocurrir también que usted viva en un constante deleite carnal y en una permanente lujuria. No vamos a ser nosotros quien lo critiquemos, pero su subconsciente puede estar queriendo presentarle la imagen del cerdo para que constate hacia dónde le pueden llevar sus apetitos.

DRAGÓN. Desde tiempos inmemoriales, al dragón se le ha tenido por un ser terrorífico, que escupe fuego por la boca, y devora hombres y animales, a quienes mata primero con su enorme cola y nada más lejos de la realidad onírica. El dragón es símbolo de suerte, de poder celestial y de las cuatro virtudes de la tierra: riqueza, belleza, longevidad y sabiduría. Por ello, es el símbolo preferido de las familias chinas. En ellas existe la creencia de que si se adornan las casas con imágenes de dragones, los malos espíritus permanecerán alejados, pues los poderes de este gigantesco animal llegan hasta el lugar más escondido.

Si en su sueño aparece la figura de un dragón, y usted está próximo a conseguir un determinado objetivo, éste simboliza que aún no ha superado todos los obstáculos. El dragón es ese último escollo para concluir ese proyecto por el que tanto ha luchado, representa algo que superar. Sin embargo, es también emblema de éxito y triunfo, por lo que, realmente, no tiene por qué preocuparse.

Si asiste a una lucha entre el dragón y otra persona, su subconsciente le está pidiendo que adopte la sabiduría del dragón, símbolo de la energía espiritual. La fuerza del dragón es mayor que la fuerza terrenal y, como tal, no tiene miedo. Lo que debe hacer es darse media vuelta y alejarse de todo conflicto, con la confianza de que podría haber resultado vencedor.

Si sueña con que rescata a una hermosa princesa de las garras de un dragón, la imagen le anima a desempeñar ese cargo de responsabilidad que le están ofreciendo.

ESCORPIÓN. Este arácnido posee un aguijón curvo y venenoso que clava en el cuerpo de sus presas. Y es ese mismo aguijón al que tiene que prestar atención, si se enfrenta a él en sus sueños.

Soñar con escorpiones siempre está simbolizando que a su alrededor hay una o varias personas de su entorno que intentan hacerle daño, aunque no sea de una forma directa. Su única intención es causarle toda una serie de problemas, ya sea por envidia o por puro egoísmo.

Si los escorpiones se limitan a cercarle y no le pican, sus enemigos aún no han pasado a la acción. No van a enfrentarse a usted de una manera directa; prefieren que usted los tenga por amigos y, en el momento que usted menos lo espere, atacarle. Mientras tanto, actuarán con total hipocresía. Tal vez su subconsciente lo que pretenda es abrirle los ojos ante esas personas.

Si en sueños le ataca el escorpión, la imagen es aviso de un adversario mucho más cercano, que, al conocerle bien, se vuelve también más peligroso. Ahora se trata de alguien que conoce a la perfección cuáles van a ser sus reacciones. Ha de tener cuidado y estar alerta ante la más mínima sospecha.

Si se ve matando al escorpión que antes le atacó, tenga por seguro que acabará deshaciéndose de sus adversarios. Aunque haya riesgos, la muerte del alacrán le librará de todos los problemas por los que estaba atravesando.

Puede ocurrir también que el escorpión de sus sueños no sea un adversario exterior, sino ese conflicto interno que le impide seguir adelante. Recuerde que su picadura es venenosa y que, si no consigue deshacerse de él, puede llegar a perder la vida. Tal vez el escorpión sea su propio carácter, agresivo e hiriente con los que le rodean.

GALLO. El gallo, con su aspecto arrogante y su cabeza adornada por una cresta roja, canta al amanecer y anuncia el fin de la noche y de la oscuridad. Por ese motivo, constituye en la mayoría de los casos un buen presagio.

Si en el sueño le despierta el canto de un gallo, es el momento de ponerse manos a la obra. Hasta ahora ha permanecido en una inactividad total y sumido en un sopor. Todo este tiempo ha dejado que los demás actúen en su nombre, pues le resultaba más fácil. Pero ahora tiene por delante toda la vida. Es su subconsciente el que le reclama un poco de acción. Además, no tiene por qué temer por los obstáculos que se le presenten. Todo son buenas perspectivas de futuro.

En cambio, si sueña con que asiste a una pelea de gallos, tal vez la imagen puede ser un aviso de que en su familia se van a producir una serie de peleas por causas de índole económico. Quizá pueda tratarse de una herencia o del reparto de unos bienes.

Uno de los gallos que se pelean puede representarle a usted y, en ese caso, su subconsciente le avisa de que, de alguna forma, usted está tratando de imponerse a los demás con agresividad.

GATO. Por lo general, el comportamiento sigiloso e instintivo del gato hace que se le asocie con la seducción y que se le atribuya cierto carácter femenino. En el Budismo el gato no goza de mucha simpatía pues, junto con la serpiente, fueron los únicos animales que no lloraron la muerte de Buda, de ahí que se les atribuya cierta inteligencia superior.

Si el gato le araña en sueños, interprételo como una señal de conflicto que puede estar relacionado con una infidelidad, celos o, incluso, envidias profesionales.

Si sueña que el gato se le acerca y le hace caricias, significa que va a conocer a una mujer que utilizará todos sus encantos y artimañas seductoras para conseguir de usted cuanto quiera. Si consigue que el gato huya, indica que ella no va a lograr sus deseos. Ver un gato o escuchar sus aullidos presagia traiciones y engaños.

En cierta medida, los sueños con este animal nos avisan de que hay personas que nos están acechando de la misma forma que hace el felino con sus presas.

No hay que olvidar la superstición asociada al hecho de cruzarse con un gato negro. La superstición que rodea al color negro se remonta a miles de años atrás, posiblemente al Egipto faraónico. Asociado al luto, al mundo de las tinieblas, los egipcios detestaban los gatos negros, superstición heredada por el mundo cristiano y que llega hasta nuestros días. Hay incluso quien afirma que los gatos absorben el aliento de los niños.

Si el gato con el que sueña es de este color, le anuncia problemas amorosos. Si es blanco, el traidor será un falso amigo.

GUSANO. Soñar con gusanos suele ser una imagen terriblemente desagradable. Puesto que los sueños con gusanos que han pasado por el estado de capullo para convertirse después en hermosas mariposas apenas se dan en el universo onírico, estamos hablando de un tema que produce cierto grado de angustia.

Si sueña con gusanos, que aparecen cuando hay alguna materia orgánica que se descompone y pudre, la imagen le hace ver que hay algo por lo que usted siente gran apego que está perdiendo su vitalidad y acabará muriendo. Puede tratarse de una relación, de una amistad o, simplemente, de un

Y ese significado se mantiene, si sueña con ellas. Según reflejen o no su personalidad, su subconsciente puede estar reprochándole que no actúe de forma y consecuente, como hacen las hormigas, lo que le conducirá a más de un tropiezo, o aprueba su conducta, siempre basada en el esfuerzo y en el buen hacer. En el primer caso, las hormigas están ahí para que usted tome buen ejemplo y, en el segundo, como reconocimiento seguro que recibirá también por parte de sus superiores.

proyecto al que lleva dándole vueltas mucho tiempo.

Los gusanos pueden simbolizar también falta de sinceridad en el trato con los demás. ¿Acaso no se estará comportando con cierta malicia para engañar a alguien cercano?

Si en la vida real alguien le ha declarado su amor, y sueña con gusanos, desconfíe. Bajo esa promesa, no hay unas intenciones del todo honestas y, seguramente, quien se la ha hecho, no piensa llegar hasta el final.

HORMIGA. De las hormigas cabe destacar su laboriosidad y su capacidad de trabajo.

INSECTO. Los sueños donde aparecen insectos suelen repetirse de forma continuada y recurrente. Por lo general, los insectos se asocian con la idea de suciedad, de ahí que anuncien la necesidad de llevar a cabo una limpieza, tanto literal como metafórica, en nosotros mismos.

Si los insectos son escarabajos, sirven de premonición de una etapa de buena suerte. Dicha interpretación proviene del antiguo Egipto, donde pensaban que el hecho de que el escarabajo acarreara bolas de estiércol se identificaba con la forma en que Ra, el

dios Sol, hacía rodar el astro de un lado a otro del firmamento.

Como el sol proporcionaba vida y calor, llegaron a la conclusión de que eran símbolos de generación. Por este motivo, empezaron a fabricar amuletos que reproducían la figura del escarabajo, con el anhelo de alcanzar la fuerza del dios de la creación. Además, también se dieron cuenta de que estos insectos cavaban profundos agujeros en la tierra, donde enterraban las bolas de estiércol que transportaban. Pasado un tiempo, cuál no era su asombro al ver que de dichos huecos salían nuevos escarabajos. Así, llegaron a pensar que los escarabajos habían vuelto a nacer, y les otorgaron el don de la inmortalidad.

LAGARTIJA. La lagartija, como la iguana, supone la detención en la evolución de los grandes saurios de la era terciaria. No podemos decir que se trate de un animal que destaque por su inteligencia o valor. Uno siempre las recuerda tomando el sol y viviendo entre las rocas y en los huecos de las paredes. Representa las energías y los instintos más primitivos. Por la capacidad de reproducción de su cola después de que ha sido mutilada, se la asocia con la buena salud.

Si sueña con lagartijas, la imagen le está avisando ante ese tipo de vida intrascenden-

te que lleva. Seguramente, ha decidido abandonarse a sí mismo y adoptar un modo de vida vegetativo, una existencia tranquila y exenta de todo esfuerzo. No le importa lo más mínimo lo que ocurra a su alrededor, pues tampoco necesita de tanto para salir adelante. Pero dése cuenta de que así no va a llegar muy lejos: su intelecto se le acabará embotando y terminará convertido en la imagen de ese reptil. Usted verá si es el momento o no de reaccionar.

Puede que la lagartija suba en su sueño por un árbol o una pared. En ese caso, usted ha decidido actuar y, aunque le cueste, logrará que sus proyectos salgan adelante.

LEÓN. Donde quiera que aparezca, el león simboliza la fuerza y el poder. En África, un bastón labrado con la figura de un león otorga el poder al jefe de la tribu e, incluso, existe la creencia de que comer carne de león y, en especial su corazón, infunde valor a la persona.

En la cultura egipcia, el león fue admirado por su energía y coraje, y se mostraba un león vivo a los extranjeros como símbolo de la fuerza del faraón.

De esta forma, si un león acecha sus sueños, anuncia que se le está pidiendo que dé muestras de su valentía. Aprenda del león cuál es la mejor forma de utilizar el poder y la fuerza. Quédese quieto, seguro de su poder. Pero, de ser necesario, no dude en luchar por las cosas que le interesan. El león también le enseña el secreto del silencio y de la paciencia. El león nos recomienda observarnos con detenimiento para entender cuáles son nuestras debilidades y esperar el momento propicio para actuar.

Si el león se debate ante usted con actitud amenazadora, el sueño quiere indicar que está siendo víctima de sus propias pasiones. Tal vez se esté dejando llevar por ellas, sin pararse a analizar la situación. En ese caso, el sueño sólo es una invitación a la reflexión.

También puede ocurrir que el león, como protector del grupo, sólo quiera infun-

dirle confianza y no desee atacarle. En ese caso, el león es símbolo del enorme potencial que usted esconde dentro. No lo malgaste y sea consciente de ello.

Si el sueño sólo presenta la imagen de un león y usted no aparece en él, ha de saber que, de alguna forma, su subconsciente está sacando a la luz esa lucha de poder en la que se debate en la vida real, ya sea en el terreno profesional o sentimental.

LOBO. El lobo es capaz de cooperar con sus congéneres en la manada y, en ocasiones, planear y ejecutar emboscadas. La presencia

del lobo en sus sueños puede estar anunciándole toda una serie de episodios negativos que se van a producir en un futuro próximo. Recuerde que los lobos, llevados por su inteligencia, caminan en fila, pisando las huellas del animal que les precede en la nieve, para disimular su número. Tal vez se trate del aviso de una posible traición por parte de un amigo, de una disputa con un enemigo directo o, algún tipo de episodio doloroso.

Por otra parte, la figura del lobo puede interpretarse como símbolo de nuestras pasiones. Éstas dominan por completo nuestra vida real, y el lobo sirve de anuncio de su triunfo sobre el resto de facetas de nuestra personalidad.

Si sueña con un hombre lobo o es usted quien reviste la apariencia de este ser mitológico, igualmente el sueño le está haciendo caer en la cuenta de esa parte animal que subyace en el interior de cada uno de nosotros.

MARIPOSA. Las mariposas, como todo ser alado, simbolizan el alma, la espiritualidad. Por tanto, el sueño puede ser una invitación a que se eleve por encima de lo material y a que se olvide de lo mundano de la realidad. Por otro lado, no hay otro ser vivo en el que se opere un cambio tan dramático y espectacular como en la mariposa. En este sentido, la imagen

llena de colorido de este pequeño animal puede ser reflejo de la metamorfosis que se está llevando a cabo en usted.

Si en su sueño captura una mariposa y la pone en libertad, eso es porque usted guarda algún secreto. Es a ella a quien se lo ha contado, no porque confíe en la mariposa, sino porque ella no se lo podrá revelar a nadie, salvo a un ser superior, que lo ve y lo escucha todo. Al pedir el deseo y soltar a la mariposa, ésta, en muestra de gratitud, volará para alzar su secreto y que le sea concedido.

PÁJARO. Son los animales que corresponden al elemento aire. Por lo tanto, aparecen en todas las mitologías como transmisores de mensajes, simbolismo que se

presagio, los pájaros pueden ser el mensaje o el mensajero.

La imagen de un pájaro en su sueño le describe a usted como una persona de carácter luchador, un espíritu libre. Si ve una bandada de pájaros en pleno vuelo, éstos le presagian un período de fortuna donde será fácil que alcance los objetivos que se ha propuesto pero, al mismo tiempo, los pájaros le están aconsejando que centre su atención en una o dos metas. No se diluya en tantos objetivos ni malgaste sus esfuerzos.

extiende a sus plumas y alas. No olvidemos que el dios grecorromano Hermes-Mercurio se representaba ornado con estos atributos en su casco y pies. En un

Si sueña con un pájaro concreto, es ese mismo pájaro el que sirve de correlato de su propia persona. Fíjese en el colorido de sus plumas, si le resulta un animal atractivo o desagradable, si es un pájaro negro. Todos ellos son elementos que influyen a la hora de saber cómo le ven los demás. En cualquier caso, su subconsciente no hace más que reflejar su deseo de libertad, su anhelo de poder desprenderse y liberarse del mundo material. Y las alas van a permitirle alzarse por encima de cualquier circunstancia aérea.

Si el pájaro con el que sueña está enjaulado, analice si se siente atrapado, si su espíritu está de alguna forma constreñido por una serie de reglas o normas que se le imponen desde fuera. En ese caso, intente deshacerse de ellas, pues una jaula nunca ha

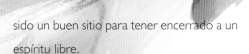

sido un buen sitio para tener encerrado a un espíritu libre.

Si en el sueño se ve atacado por una bandada de pájaros negros, son sus propios pensamientos negativos los que quieren acabar con usted, destruirle. Intente desecharlos, trate de desterrar de su mente todas esas ideas que le angustian y no le permiten seguir adelante.

Si el pájaro se acerca hacia usted, cójalo con cuidado. Es una oportunidad que no puede dejar pasar. Ya lo dice el refrán: «Más vale pájaro en mano que ciento volando».

PALOMA. La paloma es un animal que tiene un significado simbólico. La Biblia cuenta que Noé dejó libre una paloma después del diluvio para que encontrara tierra firme, y la paloma regresó con una rama de olivo en el pico. En el Nuevo Testamento, el Espíritu Santo desciende en forma de paloma sobre Cristo al ser bautizado. Hoy en día, la imagen de una paloma blanca con una rama de olivo en el pico es símbolo de paz y pureza.

Como en tantos otros sueños, es importante que analice el color y las características de la paloma.

Si sueña con una paloma blanca, se encuentra en un momento de armonía y equilibrio interior. No dude en iniciar cualquier tipo de proyecto o relación.

Si en el sueño aparece una paloma negra, su subconsciente le prevé ante un período no muy lejano de desgracias y tristezas.

Si la paloma de sus sueños es roja, simboliza un momento de guerras, desastres naturales y tragedias.

Si, de repente, se le acerca una paloma mensajera, que vuelve a usted desde una larga distancia, es el anuncio de que pronto va a recibir noticias de personas que se encuentran a miles de kilómetros, pero a las que usted aprecia y de las que no sabe nada hace mucho tiempo. Seguramente, la paloma no le traerá ningún mensaje escrito. Tendrá usted que descubrir la naturaleza de las noticias por el color de su plumaje.

Si lo que oye es el murmullo de una paloma, pero no la ve, es el anuncio de una serie de problemas externos a usted e, incluso, puede ser el aviso de la muerte de un ser querido.

Si se encuentra una paloma muerta, analice la relación que lleva con su pareja. En este caso, el sueño es símbolo de separación

y, normalmente, la ruptura se debe a una cuestión de infidelidad.

PAVO. Debemos remontarnos al siglo IV para rastrear el origen de la tradición de comer pavo o pollo en Navidad. La Iglesia católica hizo coincidir el solsticio de invierno con la conmemoración del nacimiento de Cristo. Desde entonces, comer pollo o pavo en Navidad puede estar relacionado con ritos de renovación del año solar. El gallo o el pavo son el símbolo solar en varias culturas, pues su canto anuncia la salida del sol y acaba con el período de la noche. Por este motivo, representa siempre, a no ser que sueñe que mata uno, un símbolo de un período de éxitos e importantes ganancias en los negocios. Puede que en breve tenga la celebración de una fiesta para brindar por todos esos logros, a los que ha llegado no sin antes luchar mucho. En la fiesta, reinará la alegría y la camaradería con sus amigos.

Si, como mencionábamos, usted se ve en el sueño disparando a un pavo o a cualquier otra ave, su subconsciente está criticando su falta de escrúpulos. Usted no siente ninguna duda ni recelo que hiera su conciencia. No hay nada que le ponga inquieto. Sólo se preocupa de las cosas materiales y ambiciona tener cada vez más. Tal vez sea un anuncio para que

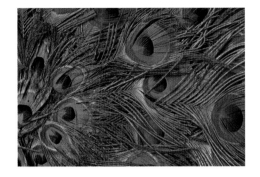

cambie de conducta y para que piense un poco en las personas que le rodean.

Si la imagen de su sueño es un pavo real, el significado del símbolo varía. Su cola, que reúne todos los colores, es un símbolo de la totalidad, y su forma circular, cuando se halla extendida por completo, la convierte también en símbolo solar.

Por su movimiento, el pavo real representa la vanidad de las apariencias, cuyo valor es equiparable a la rapidez con que se cierra su cola.

Si es un pavo real con el que sueña, la imagen habla de su carácter. Usted es una persona dada a la vanidad, a la arrogancia y a hacer gala de su grandeza y lucimiento. El trabajo y el esfuerzo no son palabras que vayan con su personalidad. La diversión es lo que manda en su vida.

PERRO. Como animal lunar, asociado a la muerte, el perro sirve de guía al hombre en la oscuridad del mundo de los muertos. En Egipto, lo consideraban con poderes suficientes para destruir a los enemigos de la luz y, por eso, los colocaban a las entradas de los templos.

En África, los perros están presentes en la mayoría de los ritos de adivinación, pues son intercesores entre este mundo y el otro, y pueden interrogar a los muertos. No podemos olvidar tampoco que Cerbero, perro de tres cabezas y cuello erizado de serpientes, cuidaba el palacio de Plutón a orillas de la laguna Estigia.

Además, el perro ha simbolizado siempre la fidelidad al amo. Es su mejor guía y guardián. Así, es guardián de sus casas, de sus rebaños y valiosa ayuda del señor en la caza, pero también representa la obediencia.

Si el perro o perros con los que sueña son blancos y no buscan hacerle daño, pueden representar la lealtad de sus amigos.

Si el perro se le acerca, ese éxito que tanto lleva buscando está a punto de llegar, y afectará tanto al terreno sentimental de la relación con su pareja como al profesional de su trabajo.

Si se ve dueño de un perro inteligente, es símbolo de prosperidad en la vida.

Si hay varios perros pequeños que no dejan de saltar y ladrar, la imagen le advierte de cierta actitud suya un tanto frívola. El subconsciente le advierte de que debe actuar con más serenidad y centrarse de lleno en un tema, en vez de ir picoteando de flor en flor. Es una crítica seria a su falta de constancia.

Si el perro le sigue a todas partes y no se aparta de usted, hay una fuerza superior que vela por su suerte. Cuidará no sólo de las personas que le rodean, sino también de sus negocios.

Pero el perro de su sueño puede presentarse ante usted con actitud amenazadora. Si, además, es de color negro, la imagen le sugiere que hay personas que quieren perjudicarle gravemente.

Si el perro que le persigue es un perro de caza, su subconsciente le previene ante esas relaciones un tanto peligrosas de las que se rodea últimamente. Tal vez ni siquiera usted sepa cómo ha llegado a salir con ellos. El perro, que puede ser también un perro policía, le vigila y sigue para que no se meta en líos ni cometa ningún tipo de ilegalidad.

Si sueña que el perro le gruñe de forma amenazadora, no dude de que hay personas que buscan humillarle con sus palabras y herir, así, su reputación. El perro no va a morderle, no tema. Sólo quiere intimidarle.

Pero si el perro le muerde o está a punto de morderle, es su conducta la que está ahora en tela de juicio. ¿No será que lleva un tiempo comportándose de forma egoísta? Esa actitud poco sociable acabará afectando incluso al terreno familiar.

Si sueña que oye el aullido de un perro, no se asuste, pero llora la muerte de un ser querido o la desaparición temporal de una persona muy próxima. Si al perro de su sueño tuviera dos cabezas, no tema. Su subconsciente sólo le advierte de que está metido en demasiados proyectos. Si sigue así, va a acabar enfermando, pues no tiene tiempo ni energía como para encargarse usted de todo.

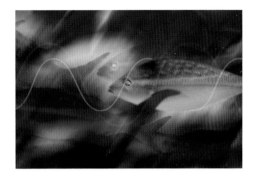

PEZ. Como atributo del agua, el pez participa plenamente del significado de ésta.

Símbolo de resurrección, el pez puede servir de alimento a nuestro mundo interior. Pero ese alimento será en forma de una nueva amistad que nos abra las puertas a experiencias hasta ahora desconocidas o un antiguo amigo que vuelve para permanecer a nuestro lado.

Cuando sueñe con peces, debe tener muy presente si nadan en aguas cristalinas y limpias, si son peces muertos, si el agua está estancada, etc. Es importante porque pueden reflejar cómo le van los negocios o sus relaciones personales, hasta tal vez le estén avisando de su estado de salud.

Si sueña que está pescando y consigue que pique al menos una pieza, la imagen es símbolo de buena suerte. La fortuna le sonreirá en un futuro no muy lejano.

Si cuando tiene el pez, se le escapa de las manos y se le escurre de entre los dedos, también se van a esfumar sus ilusiones. Todo apuntaba a que se iban a hacer realidad, a que sus esperanzas se iban a cumplir pero, en un instante y sin saber cómo, se han desvanecido.

Si se ve pescando con red, pero hay otras personas en otros barcos que hacen lo mismo, la imagen le avisa de que le van a salir

muchos competidores. ¿Acaso hay alguien que quiere arrebatarle la parte de su negocio? Si vamos más allá del terreno profesional, ¿hay algún rival dispuesto a luchar por su pareja? Tenga cuidado y no deje que le quiten la pesca.

PIOJO. Los piojos son portadores de remordimientos y negatividad. Si es usted la persona que tiene piojos, debe desterrar esa actitud tan negativa que tiene ante la vida. Deje de prestarle tanta atención a los juicios y opiniones del resto de la gente, y destierre ese desprecio que siente hacia los demás.

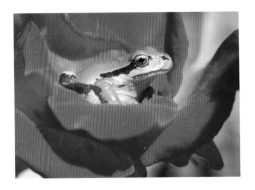

Si en el sueño se ve infestado por los piojos, sepa que su subconsciente le está advirtiendo de una persona cuyos actos usted no puede dominar, pero que se dedica a murmurar sobre usted.

Si los piojos están en la cabeza de otra persona, intente identificar de quién se trata, pues hay alguien que se está metiendo en sus asuntos y no hará más que causarle problemas serios.

RANA. En la cultura precolombina, la rana es el símbolo, por excelencia, de la fecundidad. De ahí que antiguamente se les hiciera a las mujeres la prueba de la rana para saber si estaban o no embarazadas. Como animal símbolo de lo que nace en el agua, se consumían como alimento ritual, ya que eran anunciadoras de lluvia. Simboliza suerte en Japón y felicidad en China. En la tradición católica, la rana es también símbolo del bautismo y de la inmortalidad.

En un sueño la imagen de una rana que salta de piedra en piedra dentro de un estanque refleja su forma de ser. Usted es un espíritu inconformista que vive en una lucha constante para no caer en el estancamiento ni profesional ni personal. Necesita estar activo y le irrita profundamente ese tipo de personas que se conforman con lo que tienen.

Puede ser también que la rana le esté reclamando aventuras; su subconsciente le avisa de la necesidad y el deseo de cambio. Y usted no se mostrará reacio a este anuncio.

Si se ve dando un beso a una rana, recuerde el cuento del príncipe encantado. ¿Acaso está buscando a su príncipe azul? Tal vez hay una persona cercana que intenta aproximarse para brindarle su amor, y usted la rechaza por su presencia o aspecto físico. Recuerde que no todo son las apariencias. Bajo ese aspecto un tanto desagradable, hay un ser que está deseando ofrecerle todo su amor.

RATA. Animales nocturnos, se han venido considerando una plaga, bien porque arrasaban las cosechas o porque transmitían enfermedades tan terribles como la peste. Son un símbolo nefasto que anuncia todo tipo de males, incluso para nuestra salud o la de nuestros familiares. En algunos casos, puede avisar de infecciones.

Se dice que la rata encuentra alimento sólo en aquellos lugares donde hay prosperidad y riqueza, de modo que donde quiera que este animal establezca

su hogar allí habrá siempre abundancia.

Si en sueños persigue a una rata o ratón, pero se le escapa, los problemas persistirán por mucho que se empeñe en atajarlos. No así si consigue atraparlo, momento en que tendrá el control definitivo de la situación. Tal vez la imagen de una rata le avise de una posible traición por parte de sus más directos colaboradores. No se fíe de ellos por muy serviciales que parezcan.

Si la rata o el ratón se le suben por la ropa, el sueño puede querer prevenirle de que su honor está en entredicho. No se meta en ningún problema porque podría acabar dando un escándalo.

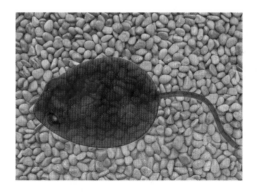

interiormente. Quizá sea un sentimiento de culpabilidad o de inseguridad hacia nosotros mismos. No deje que le roa o, de lo contrario, conseguirá acabar con usted.

Si la rata cae en la ratonera, también lo harán sus adversarios, pero si es usted quien cae, será víctima de intrigas e, incluso, de un posible robo. Hay alguien que ha estado atrayéndole a su terreno para, en el último momento, deshacerse de usted.

Si la ratonera está vacía, los enemigos a los que tenía por tales se han esfumado o, tal vez, nunca existieron.

La imagen del roedor puede prevenirnos también de algo que nos atormenta o aflige

SERPIENTE. Según su etimología, del griego *symballein,* la serpiente es un objeto dividido en dos, cuyas partes se reúnen en una sola. Por dicho motivo este ser se presenta como ambivalente.

Al carecer de extremidades, vive en mayor contacto con la tierra, de donde le viene la sabiduría y el conocimiento de las cosas ocultas. Por ello, si sueña con una serpiente, puede que esté a punto de descubrir un secreto o la naturaleza oculta que le pasaba desapercibida de algún acto.

Si la serpiente se traga su propia cola, se convierte en un símbolo de eternidad. El hecho de que se muerda la cola y pueda engullirse a sí misma nos la presenta en su capacidad de recrearse y regenerarse eternamente. Es creadora de vida y, al mismo tiempo, la sustenta.

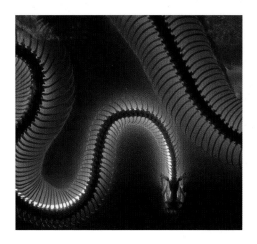

En esa vertiente fagocitaria, el sueño quiere anunciarle que muy pronto va a dar comienzo una etapa de enfrentamiento con su yo más interno. La serpiente es su propio ego. El sueño le presenta a usted como un ser que evoluciona, pero que es capaz de devorar su propia personalidad dejando incluso de lado sus deseos más íntimos. Debe prepararse a vivir algo importante, y tendrá que renunciar a ciertos placeres.

El círculo que conforma esta serpiente, conocida como Ouroboros, es un símbolo antiguo de eternidad y representa lo Absoluto.

En el antiguo Egipto, era un emblema del eterno ciclo, y se tenía como representación de la naturaleza cíclica y eterna del Universo. Por tanto, su subconsciente está destacando de usted su capacidad para evolucionar y no detenerse ante ningún obstáculo que le ofrezca la vida.

Si la serpiente muda de piel, nuevamente ha de pensar que se va a producir en usted un cambio evolutivo. De nada vale que se aferre a su pasado. La serpiente acabará venciendo a su propio ego en una lucha en la que usted se debatirá contra la materia sin forma.

Por último, no debemos olvidar la simbología fálica que siempre se ha creído ver en este animal. Como falo y matriz, se autogenera, se mantiene y se autofecunda. Es su

nos pueblos, el toro tiene relación, por esta fecundidad, con la tormenta, con la lluvia y, en definitiva, con el agua.

Es símbolo de fuerza, de valor viril y de bravura. Y esa misma fuerza es la que a usted se le supone si en su sueño aparece la figura de un toro. Usted se enfrenta una vez tras otra a las situaciones con extrema decisión y no ceja en el empeño hasta alcanzar los objetivos que se ha propuesto.

Además, al toro se le relaciona con el sol, al ser símbolo de la fuerza creadora y, con la luna, al evocar la idea de potencia y de fogosidad irrefrenable (sus cuernos eran símbolo lunar).

Desde el punto de vista psicoanalítico, el toro representa las fuerzas animales y sexuales en el ser humano. Si asiste, por tanto, en sueños a una corrida, la imagen le está sugiriendo el triunfo de las fuerzas más primitivas, de los instintos más primarios. Usted goza de los placeres terrenales.

Si es usted quien se enfrenta al toro en la plaza, no olvide que este animal es también arquetipo de lo divino e inmortal. La corrida no es un simple espectáculo, sino un ritual en el que se sacrifica a una víctima divina. Se trata de un dios inmolado y no de una víctima ofrecida a un dios. Enfrentarse a un toro es participar de lo eterno en una lucha cuerpo a cuerpo.

deseo sexual lo que quiere su subconsciente que tenga presente.

TORO. Desde épocas protohistóricas, el toro ocupó un lugar muy importante en la vida del ser humano. De esta forma, se convirtió en un objeto sagrado y se le concedió el atributo divino de la fecundidad. Para algu-

Usted se debate con firmeza ante cualquier obstáculo o situación comprometida que se le ponga por delante. En este caso, tal vez se trate de una situación incómoda que ha surgido de repente en su entorno familiar o, por qué no, puede que sea contra el poder establecido y la fuerza de las costumbres contra lo que luche. Su subconsciente le presenta a usted con el valor y la bravura del toro y, por tanto, no tiene nada que temer ante lo que le viene de frente.

La intensa virilidad del toro y el aspecto de sus cuernos lo mimetizaron pronto a la importante función regeneradora de la natu-

raleza, y ésta, a su vez, sugirió la idea del renacimiento, de la promesa de otra vida. Un nuevo símbolo, por tanto, al que se puede asociar la presencia del toro en sus sueños. Su subconsciente refleja ese anhelo que tanto le preocupa de persistir más allá de la propia muerte.

VACA. Para el Hinduismo, la vaca es un animal sagrado. Los hindúes creen que cada parte de su cuerpo está habitada por una

divinidad. De ahí que hasta el más pequeño de sus pelos sea inviolable, y todos sus excrementos sean dignos de veneración. Ni una partícula suya debe ser despreciada como impura. Al contrario, hasta el agua que despide debe ser guardada como la más santa de todas las aguas, un líquido que borra los pecados y santifica todo cuanto toca.

A la vaca se la concibe como «madre de la humanidad» por el nutriente que suministra: la leche. Y, por eso, la religión hindú compara la muerte de una vaca con la de su propia madre.

Dentro de esta creencia, soñar con vacas, siempre que estén sanas y hermosas, sugiere que todo marcha bien y seguirá así en un futuro inmediato. Sus deseos y proyectos se llevarán a cabo sin demasiados contratiempos y culminarán con éxito.

No así si las vacas, aun jóvenes, están demacradas y enfermas; en ese caso, el sueño significa un riesgo inminente de fracaso.

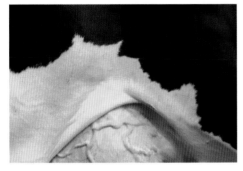

Si sueña con un grupo de vacas que se bate en estampida, la imagen le avisa de que sus asuntos no van a hacer sino ir de mal en peor. Debe poner un poco de orden y control en su vida pues, de no ser así, se van a producir importantes pérdidas.

Si se ve ordeñando una vaca, el sueño refleja su anhelo de obtener ganancias y éxitos, pero tenga cuidado con que, una vez ordeñada, la vaca no tire la leche, pues significaría riesgo de fracaso en sus actividades.

ZORRO. El zorro es un animal taimado y astuto. En la cultura japonesa, representa una forma poderosa de espíritu animal muy travieso y hábil. Como símbolo onírico, la pre-

sencia de un zorro en sus sueños le avisa de que ha podido ser víctima o va a serlo de un posible engaño.

Sí, aunque le parezca increíble, hay alguien que está intentando hacerle creer algo que no es cierto o alguien que quiere ganársele con palabras llenas de mentiras, el sueño con el zorro puede ser un aviso para que cuide de su salud física y mental. Si es cierto que está cometiendo demasiados excesos, es el momento de frenar su ritmo de vida o, al final, acabará pasándole factura.

Si se ve cazando un zorro en sueños, no tema. No es que, de repente, haya cambiado todas sus convicciones y le vaya a dar por cazar y matar animales. La imagen quiere advertirle de una amenaza que pende sobre usted, ya sea en el terreno profesional, económico o sentimental. Empéñese en cazar al zorro, porque eso querrá decir que va a conseguir salir victorioso.

Soñar con flores

CLAVEL. Como cualquier otra flor, el clavel simboliza la fugacidad de la vida, pero también la pasión y la entrega de nuestros sentimientos.

Si en el sueño se ve con un clavel en la mano o prendido en el ojal de la chaqueta, la imagen le sugiere que disfrute de cada momento como si fuera el último. Seguro que hay un montón de cosas bellas que están ahí esperando a que usted se decida por ellas.

No deje que el miedo a envejecer le impida seguir adelante. El clavel le invita a ilusionarse. Si no lo hace, la flor, quiera o no quiera, se marchitará y a usted sólo le quedará acordarse de lo bella que era entonces.

FLOR. Las flores preceden al fruto y lo anuncian de una forma sutil con su olor. Por eso, soñar con flores anuncia un tiempo nuevo de excelentes presagios. Es el fin de una etapa tormentosa, de una mala racha. A corto plazo va a poder disfrutar de momentos de felicidad. Sigmund Freud veía en las flores una representación del órgano reproductor femenino.

ROSA. La rosa era para los griegos y romanos símbolo de la luz, del amor y el placer; en los grandes banquetes, los invitados se coronaban de rosas porque creían que los inmunizaba contra la embriaguez.

Por este mismo motivo, se decoraba con rosas la copa en que se bebía. La humanidad entera se muestra fascinada ante su perfume y belleza, y se presenta como símbolo afortunado, como una imagen de perfección y plenitud.

Si en su sueño le regalan rosas, el obsequio habla de una relación próspera, de plenitud y felicidad en el campo sentimental.

Si las rosas que le regalan son rojas, hay alguien que está deseando mostrarle su amor. El color rojo le está dando pistas de la pasión y cariño que esa persona siente por usted.

Si las rosas fueran blancas, quien se las regala le ve a usted como una persona cándida y pura. Esta relación va a durar toda la vida. es una promesa de amor eterno y puro. Ésta es la razón de que las novias elijan este color para su ramo de flores el día de su boda.

Si es usted quien regala un ramo de rosas blancas a una persona muy cercana que está enferma, le está demostrando que está dispuesto para todo lo que necesite.

Si le regalan una rosa rosada, el color le avisa de que hay alguien que le quiere agradecer ese favor tan grande que ha hecho por él o ella. La persona que le ofrezca este ramo de flores es de fiar. El rosa lleva consigo el signifi-

cado de ausencia de maldad. Puede estar seguro de que no hay doble intención en sus actos.

Si las rosas son amarillas, tenga cuidado. La advertencia va implícita en este color. No dude de que esa persona tiene una segunda intención escondida tras su sonrisa. Puede estar celosa o descubrir con su regalo su egoísmo.

Pero también puede soñar que se pincha con una de sus espinas. Se trata de una premonición ante las dificultades con las que se va a encontrar en su relación con el ser querido. Rosas son espinas, dice el refrán.

Soñar con lugares

ISLA. A lo primero que debe prestarle atención en este tipo de sueños es si ha llegado a la isla como náufrago o si la imagen le presenta a usted en esa porción de tierra rodeada de agua por todas partes sin hacer mención a ningún tipo de incidente. Si ha llegado a la isla como resultado de un naufragio, la imagen le está indicando que hay una situación de difícil solución que le ha llevado a sentirse aislado en la vida real. Ese problema es el que ha hecho que su nave se venga a pique y le ha obligado a romper la relación que le unía a sus seres más queridos. Ahora se encuentra solo. Aun así, no debe angustiarse y tal vez sea el momento de analizarse.

Si la isla es un lugar paradisíaco, usted ha llegado allí para reconciliarse consigo mismo. Es el momento de volcarse sobre su propio yo y de poner un poco de orden en su vida. Sí, es posible que afloren sus miedos, pero lo que los causa está en la vida real y no llega hasta aquí. Aproveche la paz de las aguas para conocerse un poco más.

JARDÍN. El Edén era un jardín, el paraíso terrenal. El jardín de sus sueños también es un paisaje idílico, pero no tiene que ir tan lejos para encontrarlo. Está en usted mismo, es su mundo interior. Por eso, siempre lo soñamos como un lugar delicioso y en paz. De no ser así, los que se nos presentarían en el sueño serían nuestros miedos o aquellos lugares temidos.

Soñar con un hermoso jardín, con abundancia de flores y tranquilo, sugiere que usted está en paz consigo mismo. La imagen le anuncia un período de felicidad y éxitos, un futuro tranquilo, en equilibrio y armonía interior. Tras largas etapas de lucha, ha conseguido por fin la recompensa.

Si se sueña en el jardín esperando, la fortuna le concederá todo aquello que anhela.

Si el jardín está vallado o cercado por un muro, así es como usted quiere vivir su mundo interior. Un lugar privado e íntimo, donde usted deje pasar a quien desee o donde pasar largos ratos en soledad.

MONTAÑA. El simbolismo de la montaña nos la presenta como cumbre. De ahí que no deba extrañarnos que sea el lugar donde habitan los dioses y, por tanto, que sea en la cumbre de las montañas donde hayan ocurrido grandes hechos de la historia de la religión cristiana como la entrega de las tablas a Moisés, el sermón de la montaña y hasta la propia Crucifixión.

La montaña, como punto más alto de la tierra, se considera el centro o la cumbre del Paraíso, el lugar de encuentro del cielo y la tierra. Y es hacia ese lugar hacia donde usted encamina sus pasos en su sueño: la montaña sirve de paso de un plano a otro, es símbolo de elevación espiritual. Es la montaña que aparece siempre en la senda que sigue el superhombre.

Aunque en ese camino hacia un yo nuevo se encuentre con dificultades, y puede que en su sueño le resulte arduo y costoso llegar a la cima, no tema, porque acabará superando toda adversidad que se le ponga por delante. De esta aventura, saldrá un ser nuevo.

Si en el sueño se ve bajando la montaña, sólo significa que hay algún aspecto de la vida real donde se ha visto derrotado. Seguramente, escogió el camino más fácil. Es su propio subconsciente el que le reclama y reprocha no haber puesto más de su parte para conseguir subir hasta lo más alto.

Si, por el contrario, consigue alcanzar la cima, pero desde allí sólo divisa un cúmulo de nubes, el sueño le avisa de que eso por lo que está luchando no es más que un deseo inalcanzable.

OASIS. Cuando uno piensa en un oasis, sólo se le viene a la mente una sensación de frescor producida por las palmeras y el agua, seguramente tras una larga travesía por el desierto. Si el oasis aparece en sus sueños, es su subconsciente quien quiere crear un lugar idílico donde descansar de los múltiples problemas y trabas que le pone la vida. Son muchas las penalidades y contratiempos que lleva encontrados, y necesita de un instante de reposo.

Si el oasis aparece a lo lejos, a más o menos distancia, la imagen ha de servirle de anticipo de una solución a todo aquello que le preocupa.

Pero no olvide que el oasis puede ser también un espejismo, una simple ilusión óptica. En ese caso, debe seguir luchando porque la solución aún estar por llegar.

RÍO. Todo río es una corriente de agua, más o menos caudalosa, que va a desembocar en otra, en un lago o en el mar. Y esa corriente es el fluir de la vida, de nuestra existencia, que avanza marcada por el destino.

A la hora de soñar con esta imagen, debe tener en cuenta cómo son las aguas de la corriente, cómo fluye el propio río y cuál es su reacción al contemplarlo.

Si el río fluye en calma y las aguas bajan tranquilas, no tema. El sueño le pronostica un largo período de bienestar, de riqueza y de felicidad. Eso sí, ha de saber aprovechar esta circunstancia porque, cuando uno menos se lo espera, las aguas sufren una crecida y el río se vuelve amenazador.

Si las aguas están turbias y hay remolinos y rápidos, su subconsciente no es más que un fiel reflejo de su alma. Son muchos los pesares, las dudas y los peligros que le asaltan. En ese caso, debe tranquilizarse. Reflexione y analice por qué no es capaz de estar sereno consigo mismo. El río no quie-

re acabar con usted. Tranquilícese, serene su alma y cruce al otro lado. Tal vez allí las aguas bajen más calmas.

Si el caudal crece y el cauce del río se desborda, el sueño le avisa de un período negativo, de una serie de penurias que pueden traerle alguna desgracia personal. Piense si hay alguna forma de romper con dicho pronóstico.

Puede ser también que el río simbolice ese deseo que está surgiendo en usted de perpetuarse más allá del tiempo. Quizá ese anhelo se traduzca en una próxima paternidad o maternidad o, por qué no, ¿no estará pensando en escribir un libro? En cualquier caso, es una buena forma de prolongar su existencia.

En el sueño, usted puede decidir zambullirse en las aguas del río, y eso no será más que un reflejo de esos deseos que tanto le invaden de vivir en plenitud, de exprimirle a la vida hasta la última gota. Ese mismo carácter positivo tiene la acción de caerse al río. En ese caso, el sueño le pronostica una racha de buena suerte.

Pero si lo que hace es quedarse contemplando cómo pasa el río, está desaprovechando todo el potencial que ha depositado la vida en usted. De alguna forma, está dejando pasar un sinfín de posibilidades, y lo único que hace es ver cómo se las lleva la corriente.

Fantasías muy humanas

Es cierto que los sueños de la razón producen monstruos, pero nuestros sueños más íntimos crean seres fantásticos que, en lugar de presentarse bajo una apariencia perversa, nos atraen incomprensiblemente. Tal es así que en estas páginas tendremos que aconsejarle qué debe hacer si oye en sueños el canto de una sirena, no vaya a ser que su música le atraiga como si fuera uno de tantos aquellos navegantes que se acercaron a ellas, llamados por su canto, y acabaron devorados por su propia soledad.

En todos estos sueños, su subconsciente crea un mundo paralelo de irrealidad, y será su fantasía la que le aparte de la vida diaria para ponerle delante, por ejemplo, de la imagen de un justiciero unicornio.

Aunque a simple vista, puedan parecerle sueños infantiles, todos ellos «esconden» un significado nada ingenuo.

Los ángeles le llevarán de su mano ante una serie de nuevas perspectivas que se abren a su paso e, incluso, puede que se encuentre en sueños con su ángel de la guarda. Pero esté atento en todo momento: no se ría de ese demonio rojo con cola y cuernos con el que acaba de cruzarse. Tal vez su subconsciente quiera llevarle mucho más allá de esa simple ilustración de los cuentos infantiles.

En cualquier caso, no debe enfrentarse con miedo ni temor a la fantasía; seguramente, esos seres están ahí para llamar su atención y avisarle de algo que no tendría por qué ocurrir. No olvide que ya sea el demonio, bruja o ángel, se trata de seres reales. Con esto no queremos decir que usted se vaya a encontrar por la calle con el demonio de sus sueños, pero sí que hay muchos seres que participan de la calidad de demonio o de ángel, y es a usted a quien le toca separar o diferenciar unos de otros.

El demonio, como afirmaba un literato francés, no ha encontrado mejor manera de poder actuar que convenciendo a la gente de que no existe. De todas formas, y por si nada de esto le convence, le daremos algún que otro consejo por si quiere esperar a las brujas al amanecer para atraparlas.

Soñar con seres fantásticos

ÁNGEL. Un ángel es un espíritu celeste, una criatura de Dios y, por tanto, un intermediario entre Dios y los hombres.

Si sueña con su presencia en su sueño, suele ser signo de buen presagio. Usted va a pasar por un período de felicidad y alegría plenas. El ángel le abre todo un mundo de nuevas perspectivas personales, que pueden traducirse en un posible cambio de rumbo en el terreno profesional o, incluso, en el hallazgo de una nueva persona que va a ampliar su mundo de experiencias. Ese ángel viene a estar con usted, a acompañarle en esta nueva andadura, pues Dios le ha señalado a usted como la persona a quien tiene que guardar y custodiar. Es su ángel de la guarda.

Si, en lugar de su ángel de la guarda, en su sueño aparece un ángel severo que blande una espada, esa presencia es un reproche motivado por una conducta suya que ahora su subconsciente se lanza a echarle en cara.

En la vida real, usted se ha debido de comportar de una forma tan condenable que el ángel viene en sueños a proferirle un serio castigo. Es el momento de que analice qué motivó su comportamiento y, si puede, pida perdón por él. En caso de que no lo haga, el ángel cumplirá su amenaza sin compasión alguna.

BRUJA. Las brujas son seres de la noche, mujeres de aspecto envejecido y tétrico, y de alma perversa. Una bruja es un ser humano que se ha entregado al diablo mediante un pacto, y ha decidido servirle. El diablo es su señor, su dios y su creador. Aseguran que las brujas se quitan la piel antes de volar, que la ponen en remojo en una tinaja y alzan el vuelo diciendo: «¡Sin Dios ni Santa María!» para acceder a las fuerzas más oscuras.

Soñar con una bruja debe interpretarse como una advertencia. La persona que aparece bajo esta apariencia representa las fuer-

Tras esta imagen pueden encontrarse también sus traumas infantiles, que salen a la luz ahora en sus sueños. Son anhelos y deseos no cumplidos de otra época. En ese caso, lo más razonable es no concederles la menor importancia. Intente liberarse del pasado.

DEMONIO. El demonio representa las energías ocultas y toda manifestación voluble y cambiante. Simboliza la tentación de

zas del mal, y su comportamiento puede traernos serios problemas. En su mano tiene el poder de lo desconocido, que la hace fuerte.

Dicen que para atrapar a una bruja hay que esperar al amanecer pues, cuando sale el sol, el encantamiento se rompe y se puede descubrir la identidad de tan maligna mujer.

utilizar estratagemas y medios ilícitos para alcanzar nuestros propósitos. También puede simbolizar que estamos ocultando la verdad o ser el anuncio de un acontecimiento nefasto que podemos evitar. Puede ser que si sueña con el demonio, se sienta culpable por algo. No deje que el demonio se apodere de su cuerpo ni de su alma.

FANTASMA. Los sueños con fantasmas responden a una interpretación desvirtuada del mundo real o anuncian que estamos alterando la realidad a nuestra conveniencia. Si, además, los fantasmas vagan por dentro de su casa, simboliza que no estamos actuando de la forma más adecuada en una determinada situación.

Puede ocurrir que el fantasma sea el espíritu o la presencia astral de una persona que ya ha fallecido. En ese caso, estamos reviviendo el recuerdo de ese ser querido. El sueño nos brinda la oportunidad de hacer real todo aquello que nos hubiera gustado compartir con él antes de separarnos. Si el fantasma es usted, el sueño le recuerda que está intentando engañar a alguien.

SIRENA. Son dos los tipos de sirena que forman parte del bestiario fantástico: las sirenas pájaro y las sirenas pez. Las primeras son anteriores a las segundas. Tienen cabeza y pecho de mujer y extremidades de pájaro acuático. El arma para capturar a los hombres son sus bellos cantos.

En la Edad Media, la sirena, a un tiempo ser fascinante y cruel, se confundió con la imagen de la bruja. Pero, si nos damos cuenta, es la parte animal la que predomina sobre sus largos cabellos rubios. Su canto lleva al hombre a la perdición de las profundidades del mar, donde su cuerpo desnudo se refleja como en un espejo y se ve como una ilusión. Las historias de amor entre un hombre y una sirena tienen mucho de maravilloso, pero terminan siempre mal. El hombre, preso en los palacios del mundo abisal de las profundidades del mar, no puede liberarse nunca más del lazo de ese amor. Con la excusa de ayudar a los náufragos, se acercan para no dejarles marchar y darles muerte.

La sirena es un monstruo creado por la fantasía del hombre solo, como lo eran los marinos que, siempre fuera de casa, estaban obsesionados por la imagen de la mujer. Y es esa misma sirena la que se le presenta a usted en sueños. Su subconsciente le está avisando de un posible engaño amoroso. Hay una mujer que le oculta sus verdaderas intenciones. La sirena, su sirena, es el fantasma de la sexualidad exigente y de la tristeza postcoital: el encanto y la fascinación de la primera fase, la del deseo erótico, se transforma en prisión y muerte. No se deje atrapar por su canto.

Si es usted mujer y sueña con una sirena, ésta representa otra figura femenina que le tiene envidia o con la que usted tendrá que enfrentarse por una cuestión de celos.

UNICORNIO. Según una tradición occidental, el Universo comenzó cuando, al romperse la cáscara de un huevo, el caos se extendió por todas partes. Cuatro animales fueron testigos de la creación del universo de la mano del hombre a partir de este caos primigenio:. el dragón, la tortuga, el ave fénix y el unicornio.

Además del sinfín de alabanzas que merece su belleza, existe una vieja tradición que nos habla de que, cuando Dios mandó a Adán y Eva dar nombre a los animales, el pri-

mero que lo tuvo fue el unicornio. Dios le bendijo por este hecho y, por eso, cuando expulsó a Adán y Eva del Paraíso, le dio la posibilidad de marcharse con ellos y con el resto de los animales o quedarse allí. El unicornio optó por seguirles.

Es en esta tradición donde puede encontrarle significado a ese sueño en el que se le presenta un unicornio. Como símbolo del amor capaz de renuncia, su subconsciente le está haciendo valorar esa nueva relación que usted acaba de comenzar. No debe sentirse azorado ni con desconfianza. Su nuevo compañero o compañera serán capaces de darlo todo por usted.

Si en su sueño ve sangrar al unicornio por el cuerno, manténgase alerta. Eso es que

alguien le ha acercado un fruto o alimento envenenado. Su subconsciente le está avisando de una posible trampa. Analice si no existe alguna persona que le tiene envidia y puede querer su mal.

Al cuerno del unicornio, además de atribuirle la propiedad de proteger contra drogas mortales en forma de poción, se le otorga la capacidad de impartir justicia. Parece que si en un juicio se señalaba al acusado con su cuerno, quería decir que era culpable. Si es ésta la imagen onírica que se le presenta, no olvide que pronto ha de llegar el momento en que usted tenga que decidir sobre la culpabilidad o no de una persona. Y tal vez sea una persona cercana cuya motivación para realizar determinado acto no termina de estar clara.

energía. Hace tiempo que usted no se comporta de una forma normal, sus amigos ni siquiera le reconocen en sus actos. Acaso hay alguien que se empeña en arrebatarle su energía y cargarle de negatividad. El vampiro puede ser una persona cercana, alguien que duerme a su lado. Trate por todos los medios de salir de ese influjo y de recuperar las ganas de vivir.

VAMPIRO. Según la leyenda popular, un vampiro es un cadáver que sale de la tumba a medianoche, a menudo en forma de murciélago, y succiona, para alimentarse, la sangre de personas que duermen.

Imagine que en su sueño se siente acechado por la presencia de un vampiro o, incluso, que éste le chupa la sangre. Si partimos de la idea de que la sangre debe ser entendida como principio de la energía vital, el sueño quiere llamar su atención sobre la forma en que usted está empleando esa

El hombre
y los sueños de sí mismo

Hace ya unos cuantos siglos, el hombre se convirtió en la medida del Universo. Al dejar atrás la barbarie y la oscuridad del medievo, aquel Renacimiento italiano hizo que el hombre tomara conciencia de sí mismo y que naciera un hombre nuevo, renacido. Y es una imagen de ese hombre el que nos vamos a encontrar en estas páginas.

En los sueños que aparecen englobados en este capítulo, caben varias posibilidades. puede que usted se reconozca en la imagen que de usted mismo le presenta el sueño, pero tal vez su cuerpo o sus propios rasgos físicos nada tengan que ver con su imagen real. Su subconsciente le hará soñar con su propia imagen, aunque un tanto manipulada y desdibujada. Aun así, no debe asustarse cuando se vea como un ser diferente ni espere despertarse y verse con una apariencia nueva. Recuerde que todo sueño presenta una realidad simbólica, que no es la que se manifiesta literalmente. Para ser más claros: aunque en el sueño se vea con barba de varias semanas, no piense que se va a encontrar así cuando despierte. Tampoco esas manos llenas de manchas o peludas son realmente las suyas. El sueño no busca que usted se vea de una forma diferente ni que cambie, de repente, de aspecto, sino que esos signos le lleven a analizar una parcela de su vida un tanto confusa y enigmática. Quizá también llegue a contemplarse en situaciones nada esperables, como con las manos atadas o sin dientes o con las uñas tremendamente largas y sucias.

En este análisis de sí mismo y del mundo que le rodea, los sueños pueden proponerle también, ya no una imagen cambiada de usted mismo, sino un encuentro con un personaje. En ese caso, usted se convertirá en protagonista de una pequeña historia. Tal vez, en su sueño, reciba la visita del cartero o se vea rodeado de niños. No descarte que se le acerque un sacerdote ni cruzarse con un jorobado por la calle.

Aunque le resulte más que increíble, también los sueños que aquí le proponemos pueden cambiarle por completo de ocupación. Sí, ¿a que nunca hubiera pensado verse vestido de mago o convertido en el rey o la reina de su propio reino? Y ya no de ocupación, sino en la piel de un personaje en el que jamás habría pensado llegar a ser. ¿Qué le parece verse de ladrón robando o cabalgando en un caballo cual jinete? Son imágenes de usted, de su cuerpo, de su relación con personajes del mundo real lo que va a encontrar en este capítulo.

Por último, este tipo de sueños pondrán ante usted imágenes de conceptos abstractos y estados. Se trata de sueños interculturales que se repiten de una comunidad a otra, y en los que podrá asistir a su propia reacción ante el hecho, por ejemplo, de verse desnudo delante de la gente o, si es mujer, asistir a su propio embarazo onírico.

Soñar con conceptos

DESNUDEZ. «Estoy paseando por la ciudad y, de repente, me doy cuenta de que estoy desnudo». Si esta situación le resulta embarazosa, a pesar de que la gente de su alrededor parezca no darse cuenta de lo que ocurre, cabría preguntarse si no hay alguna faceta de su vida en la que se siente inseguro. El hecho de que el resto de los personajes del sueño no vean su desnudez quiere decir que es sólo usted quien percibe esas limitaciones y, por tanto, puede tratarse de falta de confianza en sí mismo.

Otra lectura diferente del mismo sueño le sitúa a usted desnudo pero, aunque todo el mundo le mira, no siente vergüenza. Estar desnudo es no tener nada que ocultar y, por tanto, la esperanza de recibirlo todo. En este sueño se manifiesta claramente su sinceridad.

La desnudez puede equipararse con el despojo de los bienes materiales, la pureza y la ingenuidad. No hay doblez alguna en su forma de actuar. Todos confiarán en usted sin dudar ni un solo instante.

FAMA. Si sueña con que es usted la persona famosa, quiere decir que no va a lograr cumplir sus proyectos de futuro ni sus deseos. Tanto unos como otros están totalmente fuera de su alcance.

Si la persona que se hace famosa es un amigo suyo o su pareja, el sueño anuncia que, por algún motivo, usted teme perder la amistad o la fidelidad de dicha persona o que se acabe esa relación.

Si en el sueño se encuentra con un personaje famoso, puede significar que pronto va a recibir una oferta interesante. Se va a producir un cambio

en su vida o va a lograr alcanzar un objetivo que se había marcado.

HERENCIA. Soñar con que recibe una herencia presagia que le va a suceder algo bueno. Quizá sea la recompensa a toda una etapa de trabajo y sacrificio. El premio puede ser una suma de dinero o que alcance el objetivo deseado.

Pero si en el sueño usted sólo le da importancia a la cantidad heredada, sin preocuparle la persona fallecida, se le avisa de que está concediéndole demasiada importancia al aspecto material.

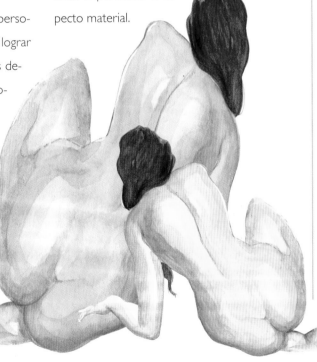

Soñar con estados

CADÁVER. Este tipo de sueños suele darse en personas que han sufrido fracasos en la vida real, tanto en el terreno de las ilusiones, esperanzas y pasiones, como en el de los negocios. Son esos sentimientos de derrota los que dan forma al cadáver, de lo que se puede deducir que usted ya da por muertas esas esperanzas e ilusiones. En estos casos, lo que debe hacer es buscar la solución a sus problemas, y no suponer que se trata de la muerte efectiva de un familiar o amigo.

Puede ocurrir también que los sueños con cadáveres sean sólo reflejo de las imágenes negativas con las que nos despertamos todos los días. noticias de asesinatos, guerras e, incluso, lecturas de terror.

Si sueña con un cadáver dentro del ataúd, la imagen le está avisando de la llegada

inmediata de problemas. Puede ser un revés en los negocios o en su vida sentimental o, simplemente, una decepción. No debe descartar tampoco la muerte de un amigo o un familiar cercano. Pero no deje que la angustia le invada.

Si sueña con el cadáver de una persona conocida, es signo de que usted culpabiliza a esa persona de sus problemas y fracasos. Analice si realmente es así, pues bajo esta imagen se esconde un fuerte deseo de venganza, que usted podría dejar que se realizara materialmente. No pierda la cabeza ni los nervios.

Si en el sueño trata de acariciar la cara al cadáver y, al hacerlo, se le cae la cabeza, su subconsciente le está anunciando que hay personas que van a intentar actuar contra usted. Harán todo lo posible por perjudicarle, aunque usted no se dé cuenta. Su deseo no es iniciar ninguna enemistad con ellos, sino más bien le invade un profundo anhelo de paz y tranquilidad. La imagen le presenta rodeado de hostilidad y envidia, aunque en la vida real no lo viva de forma tan cruenta.

Si sueña con que besa al cadáver, la imagen le indica que tendrá que despedirse de algo muy querido. Se trata de pérdidas definitivas, pero recuerde que toda muerte, aunque no sea literal, abre nuevos caminos.

Si en el sueño usted coloca sobre el cadáver objetos que pudieran resultar ofensivos como, por ejemplo, dinero, su subconsciente le alerta ante ciertas personas que se le van a acercar y en las que usted va a depositar toda su confianza. Su único objetivo va a ser estafarle, y jamás podrá recuperar lo perdido. Si duda al poner el objeto sobre el cadáver, o bien no se va a dejar engañar o va a lograr recuperar parte de lo estafado.

EMBARAZO. No debe asustarse si se ve embarazada en sueños. Salvo en aquellos casos en que realmente esté buscando tener un hijo, y el sueño pueda ser premonitorio, soñar con estar embarazada sugiere que se encuentra en un estado o pasa por una situación incómoda que ni siquiera usted ha provocado y que, por tanto, se le escapa totalmente a su comprensión.

Tal vez esa situación la han motivado toda una serie de envidias, intrigas y problemas con las personas que le rodean. No obstante, su vida va a cambiar pronto y se va a recuperar de ese sinfín de penalidades.

Si con lo que sueña es con que es otra la mujer que está embarazada, la imagen es reflejo de un sentimiento de envidia, tal vez porque usted es desdichada en su matrimonio.

GRITO. Los gritos que oímos o que nosotros mismos proferimos en un sueño indican peligro. Es una clara señal de alarma que nos avisa de la presencia cercana de algún tipo de amenaza. Y el peligro puede afectar a nuestra integridad física o, incluso, a nuestra estabilidad emocional.

Oír gritos en sueños constituye una clara advertencia de que algo malo va a suceder. Y cuanto más fuertes sean y más próximos se oigan, mayor es el peligro que corremos.

Al mismo tiempo, tal vez sea una llamada de atención de una persona que está tratando de hacerse oír.

SANGRE. Ese humor de color rojo vivo que circula por nuestras venas es principio de vida. Pero cuando aparece en nuestros sueños, no debemos temer ningún hecho ni circunstancia trágicos. Su subconsciente y su conciencia le avisan de que debe empezar a cambiar su conducta pues, de alguna forma, se está apartando

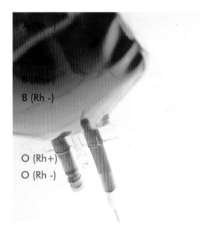

del camino que su alma le tiene señalado. Ése es también el anuncio si su sueño le presenta a usted desangrándose en un accidente.

Seguramente, debería preguntarse cuál es su escala de valores y si no es posible llevar a cabo un cambio del todo necesario. Puede que esté perdiendo parte de su energía en proyectos imposibles o en los que no merece la pena que invierta ni un solo minuto más de su tiempo ni de su esfuerzo.

Si la sangre que contempla no es la suya, el sueño le aconseja que aproveche una oportunidad que acaba de presentársele para intentar salvar una situación que parecía totalmente perdida.

SEXO. Tal vez la lectura más simplista de todos aquellos sueños en los que nos vemos manteniendo una relación sexual sea la que entiende ésta como una forma de compensar la escasa actividad sexual que puede que tengamos en la vida real. Y no vamos a descartar esa interpretación, pero su significado es mucho más profundo. Primero, debe analizar si la persona con la que mantiene la relación es su pareja, una persona conocida y de confianza o, por el contrario, si es un desconocido.

En el primer caso, el sueño está poniendo ante sus ojos el estado de ansiedad y de desequilibrio emocional por el que pasa. Quizá esté inquieto por algún suceso o acontecimiento, sumido en la soledad, y ni siquiera es capaz de ponerlo en conocimiento del ser al que más quiere.

Si no conoce de nada a la persona con la que yace, es su propio inconsciente el que se siente engañado y frustrado con su forma cotidiana de actuar, con su conducta. Al no gustarle ni satisfacerle en absoluto sus valores, le hace buscarlos oníricamente fuera de su propia persona.

Soñar con partes del cuerpo

CABEZA. En la cabeza se supone que reside la razón y el buen juicio, mientras que el cuerpo es jaula del alma y morada de las pasiones y de los instintos más primarios.

Varias son las interpretaciones que debe darle a su sueño, si en él se ve sin cabeza. Si ha perdido la cabeza literalmente, la imagen le está avisando de que lleva una temporada en la que está actuando de una forma alocada, sin pensar en si sus actos pueden traerle alguna consecuencia o no.

Tal vez se deba al ritmo desenfrenado de vida que lleva o al propio estrés al que está sometido. Lo malo es que no es sólo su subconsciente quien se da cuenta de ello, sino también todas aquellas personas que le rodean. Además de actuar de una forma inconsecuente, quizá esté utilizando su poder dictatorialmente. Su subconsciente le reprocha su actitud, y ahora que lo sabe, debe reflexionar y cambiar de comportamiento.

La segunda interpretación al hecho de que usted se vea sin cabeza en el sueño es completamente la opuesta. En su vida no hay sitio para las emociones ni los sentimientos. Todo es cerebral, y usted mismo se niega a que cambie. Lo analiza todo, menos ese vacío afectivo que no tardará en manifestarse.

Por último, si sueña con que se está lavando la cabeza, se trata de un buen augurio. Muy pronto aparecerá una persona que sepa valorar en su justa medida la calidad de su trabajo. Hasta ahora puede que no le hayan valorado como usted se merecía, pero ha llegado el momento de que se haga justicia.

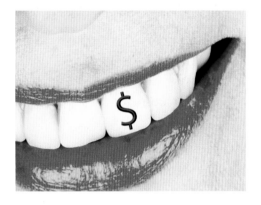

DIENTE. En los sueños, los dientes simbolizan fuerza. Si sueña que se le caen o se le rompen, significa que en el mundo real usted tiene la sensación de que no logra que los demás tengan en cuenta su opinión sobre un determinado tema. Quizá se siente inseguro. Los dientes representan el miedo a hacer el ridículo frente a los demás. Si sueña que tiene caries y se le rompen los dientes, tenga cuidado en el trabajo. Puede ser también que se arrepienta de haber contado una mentira o de haber calumniado a otra persona. De hecho, los dientes no dejan de ser símbolo de nuestra felicidad y apariencia.

MANO. Símbolo de cómo afrontamos la vida en general, de cómo resolvemos las situaciones y de cómo tratamos a las personas queridas, la imagen puede presentarnos unas manos deformes, con manchas, atadas o hermosas.

Si sus manos son extremadamente blancas, delicadas y hermosas, el sueño le pronostica éxitos sociales. Son esas manos las que los demás van a admirar y las que le van a traer fortuna.

Si las manos son deformes y feas, anuncian proyectos no realizados, logros imposibles y próximos fracasos.

Si descubre en el sueño que, de repente, tiene las manos llenas de manchas y pecas, éstas son símbolo de cierto sentimiento de culpa que ha surgido en usted. Es tal la culpabilidad que siente que su subconsciente la hace patente de esta forma. Analice si hay algo de verdad, si debe sentirse realmente culpable. Tal vez no sea más que una impresión suya.

Si, incomprensiblemente, tiene las manos llenas de vello, y la gente se ríe al mirárselas, no tema. Por algún motivo, usted se siente inferior a los demás y es así como traduce ese sentimiento. No se angustie. Cuando despierte, comprobará que tiene las mismas manos

de siempre, pero recuerde que el sentimiento de inferioridad sigue latente en su subconsciente.

Si se ve en sueños admirando las manos de otra persona, la imagen le anuncia envidia. ¿Qué hay en esa persona que usted tanto desea? Tal vez no es nada de ella lo que anhela o desea tener, sino la mujer o el hombre con quien está, porque puede que su subconsciente lo que sienta sean celos.

Si tiene las manos atadas con una cuerda, en la vida real no podrá conseguir aquello por lo que tanto ha luchado. Intente por todos los medios desprenderse de la atadura para hacer realidad sus proyectos.

Si alguien le besa las manos en su sueño, desconfíe de esa persona. En realidad, aunque le esté mostrando veneración y respeto, usted es víctima de sus intrigas, que sólo buscan minar su reputación.

Si, por último, se ve con los puños cerrados, hay cierto egoísmo tras ese gesto onírico. Usted es demasiado egoísta en todas las facetas de su vida y debe empezar a aprender a compartir, porque corre el riesgo de ser miserable con usted mismo.

OJO. En nuestra relación con el mundo exterior, la vista desempeña un papel fundamental, muy por encima de cualquier otro sentido. A lo largo de la Historia, a los ojos se les ha asociado con el disco solar e, incluso, se les relacionó con el sexo. No olvidemos que Edipo se cegó como castración por haber cometido el delito de poseer a Yocasta.

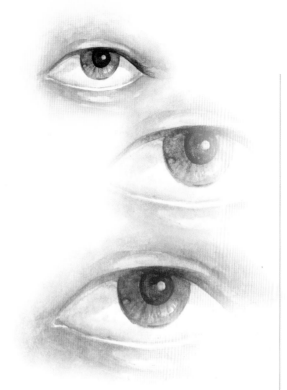

A pesar de todos estos matices, la presencia del ojo supone siempre un símbolo de fuerza y potencia pero, mientras en el caso de un solo ojo puede haber más de un significado (recordemos que los cíclopes y, entre ellos, Polifemo, eran infrahumanos), en el caso de los tres ojos, el simbolismo es siempre sobrehumano. Por ello, si sueña que tiene un solo ojo, la imagen le está sugiriendo que, aunque a diario se debate con la ardua tarea, debe buscar dentro de sí mismo la sabiduría del ojo que todo lo ve, la auténtica visión del alma.

Si en su sueño se siente observado, pero no ve los ojos que le miran, significa que, en cierta medida, le invade un sentimiento de culpabilidad por algo que ha ocurrido. Analice su comportamiento y sus actos, y no desoiga los remordimientos de su subconsciente. Si, por el contrario, es usted quien mira fijamente a otra persona, el sueño deja presente que quiere ocultar algo.

Si en el sueño usted está ciego o tiene los ojos vendados o tiene un solo ojo, es indicio de que en la vida real se niega a aceptar otro punto de vista diferente que no sea el suyo. También puede representar ese miedo irra-

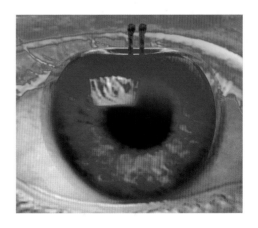

cional que le invade y que, de alguna forma, no le permite analizar las circunstancias reales de lo que ocurre a su alrededor.

Si en sueños acude al oculista, es su subconsciente quien le está aconsejando que busque a una persona en quien confiar para poder sincerarse y hablarle de todo aquello que le atormenta.

OREJA. Tras la imagen de una oreja está siempre la necesidad de escucharse a uno mismo, de hacer caso a la voz que surge de nuestro interior. Tal vez hasta ahora sólo ha prestado atención a lo que decían los demás, y ha llegado el momento de oír lo que tiene que decirle su subconsciente.

Por el contrario, si sueña con dos orejas, se debe a que no hace caso alguno a los consejos que le dan las personas que sienten algún afecto hacia usted o que le tienen estima. Usted siempre ha creído que tiene razón, y tal vez los demás también tengan algo que decir.

Si sueña que le pitan los oídos en un zumbido continuado, hay alguien que está hablando mal de usted, bien sea por envidia o por celos. Si es así, no tiene por qué tener miedo a las murmuraciones. Seguro que todo lo que dicen es infundado.

UÑA. Las uñas suelen ser un claro reflejo de nuestra personalidad. De esta forma, usted puede soñarse con las uñas de las manos o de los pies limpias, rotas, mordisqueadas e,

incluso, alargadas en extremo.

Soñar con uñas significa que, tras mucho esfuerzo, usted se ha dado cuenta de que ha invertido demasiado en un proyecto o tal vez en su relación con una determinada persona. Ahora es cuando comprende que tanto trabajo no ha merecido la pena, pues la recompensa obtenida ha sido mucho menor de lo que esperaba.

Su subconsciente refleja, por tanto, cierto sentimiento de descontento, desgana y abatimiento.

Si sueña con que le duelen las uñas o en su sueño se ve arrancándoselas, tenga mucho cuidado. Es un aviso de que puede contraer una enfermedad grave. Su estado de salud no es bueno y debe tomar todo tipo de precauciones.

En caso de que las uñas del sueño sean demasiado largas, fíjese en a quién pertenecen esas manos. Si son de otra persona que no es usted, la imagen le sugiere que hay alguien que le está tratando con total indiferencia. Con toda seguridad, usted se dirigía hacia esa persona con todo tipo de cuidados y puede que hasta le tuviera estima. El sueño es un aviso para que cambie de actitud porque esa persona nunca va a reconocer lo que hace por ella.

Si son sus propias uñas las que ve largas, pregúntese si no se estará comportando con demasiada arrogancia y vanidad hacia los demás. Detrás de esa forma de ser hay tanta autosuficiencia que hará que su entorno se aparte de usted.

Soñar con personajes

ABOGADO. Cuando acudimos a un abogado, lo hacemos porque buscamos a una persona que defienda legalmente nuestros derechos y sea capaz de dictaminar sobre las cuestiones o puntos que se le consultan.

En la mayoría de los sueños, cuando se vea acudiendo a un abogado, no será por cuestiones legales propiamente dichas, sino porque en la vida real necesita ayuda para discernir lo que debe hacer. Tal vez se sienta confuso y no sepa qué camino tomar. El abogado le anuncia que recibirá una ayuda desinteresada y sincera por parte de otra persona. De alguna forma, ella va a arrojar luz sobre ese asunto que tanto le preocupa y le ayudará a ver con claridad lo que más le puede convenir.

Si, por el contrario, se ve en la sala de un tribunal siendo defendido por un abogado, el sueño le avisa de que en la vida real van a surgirle competidores o adversarios que querrán perjudicarle. Utilizarán todo tipo de artimañas para ir en contra de usted. Por tanto, debe tomar todo tipo de precauciones, pues corre el riesgo de enfrentarse a ellos.

ACRÓBATA. Como equilibrista, el acróbata realiza habilidades en el trapecio o en la cuerda floja, siempre con mayor o menor grado de riesgo. Y es de eso de lo que quiere avisarle su subconsciente, si sueña con que es usted el equilibrista. Tal vez se está exponiendo demasiado en los proyectos que ha iniciado, y puede que se encuentre en una situación inestable, conflictiva o peligrosa.

Si en el sueño acaba el número con éxito, no tiene nada que temer pues, por el momento, conseguirá salir airoso. Pero quizá no se trata de una situación aislada, sino que el verse realizando acrobacias puede querer reflejar su actitud y comportamiento hacia la vida. En ese caso, la imagen le avisa ante su propia forma de ser. No puede arriesgarlo todo a cada paso que da ni estar siempre en la cuerda floja. Tarde o temprano, si insiste en continuar así, acabará cayendo al vacío.

Una segunda interpretación, en este caso, si sueña con una persona que realiza acrobacias, puede estar reflejando su deseo de experimentar aventuras pasajeras e intrascendentes. Tal vez su vida se rige por una continua y repetida rutina que la convierten en una sucesión aburrida de acontecimientos reiterativos. Si es así, no tenga miedo. Cierta dosis de riesgo y novedad no harán sino darle un poco de emoción a su existencia.

La aventura que usted busca puede ser también de carácter personal. Si no tiene pareja, su subconsciente le está reclamando una persona con la que poder vivir experiencias nuevas.

ACTOR. Un actor es aquel que interpreta un papel en una obra y, por tanto, suplanta la personalidad de su personaje.

Soñar con que se es actor indica que, de alguna forma, usted se siente descontento con la forma de vida que lleva. Puede que ser que la monotonía y la rutina de la vida diaria hayan acabado por aburrirle. En la obra se ve

haciendo de otro porque necesita cambiar de identidad. Su subconsciente está traduciendo en la imagen del actor esa necesidad interna de nuevas aventuras y experiencias. Seguramente, no le gusta ni la vida que lleva ni el papel que le ha tocado desempeñar en la realidad. Pero debe tener cuidado: los actores también pueden llegar a creerse su propio personaje y perder su propia identidad. Claro que no importa que quiera cambiar de vida, se trata de un deseo totalmente lícito, pero recuerde en todo momento quién es y no deje que el descontento inicial haga tambalear sus más íntimas convicciones.

Ser actor en sueños también puede revelar que usted posee una mentalidad demasiado fantasiosa. ¿No será que su subcons-

ciente está queriendo avisarle de que está viviendo al margen de la realidad?

Otra posible interpretación a su papel como actor puede querer hacerle ver que, de alguna forma, usted anhela liberarse de alguna presión que sufre en la vida real. Tal vez sean todas esas responsabilidades que, con el tiempo, se ha ido echando a la espalda y que le impiden llevar una vida tranquila. Quizá esas presiones se deban a toda una serie de relaciones tensas bien con su entorno familiar o con su círculo de amigos.

Su paso por las tablas puede querer sugerirle también que se siente necesitado de afecto. Está pasando por un período de soledad afectiva. Con ser actor sólo busca convertirse en el centro de atención de su público, de todas esas personas que le rodean y, de alguna forma, satisfacer ese deseo insatisfecho de cariño.

Si, por el contrario, se ve en el sueño rodeado de actores o en su compañía, su subconsciente le está avisando de que lleva una vida donde la frivolidad ocupa un papel demasiado importante. Hay otras cosas que también pueden llenarle más.

CARTERO. La presencia del cartero se asocia siempre con algo imprevisto no sólo en el mundo de los sueños, sino también en la vida cotidiana.

Por tanto, si sueña con que el cartero le trae una carta, la imagen no es sino reflejo de su enorme deseo de recibir noticias de una persona que lleva mucho tiempo sin ver. Y el cartero simboliza el cumplimiento de ese anhelo.

El cartero puede ser también anuncio de una serie de acontecimientos que usted no espera, pero que se producirán en breve. Esté atento, ya que no tienen por qué ser buenas noticias. Tal vez le informe de una situación económica difícil o de la enfermedad de un familiar.

Si el cartero no le trae ninguna carta, su subconsciente puede estar avisándole de que, en los últimos meses, vive demasiado encerrado en sí mismo y la gente querida ha decidido esperar a que sea usted quien dé el paso de ponerse en contacto con ellos. No es más que un reproche, al tiempo que le debe servir como consejo para que se acerque a los suyos.

Si la carta que le trae el cartero es un anónimo, el sueño le sugiere que hay alguien que siente celos de usted o envidias por los éxitos que ha logrado. No piense en personas desconocidas, sino en alguien muy cercano al que no le gusta que usted progrese.

GEMELO. Constituye el símbolo tradicional de la unión. La mitología griega mantenía que cuando uno vivía, el otro moría, y así se alternaban día tras día. Sin embargo, muchos de los gemelos actúan divididos y hasta son opuestos o ene-

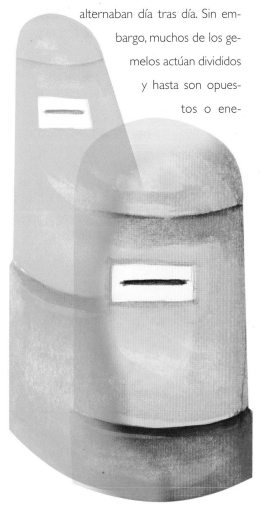

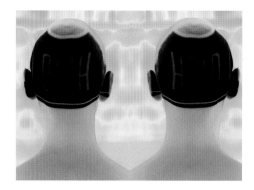

migos, como queda de manifiesto en el yin y el yang orientales.

La presencia en un sueño de una persona que resulta ser idéntica a usted indica la necesidad de reencontrarse consigo mismo. Seguramente, se ha producido un acontecimiento que le ha hecho perder la noción y el sentido de las cosas. Intente recuperar la paz interior y evite deformar la realidad.

JINETE. Por lo general, el jinete que aparece en nuestros sueños cabalga a lomos de un

caballo, pero suele ser incapaz de controlarlo. El caballo se resiste a obedecer. Si así fuera, debe entender el sueño como una clara advertencia: va a encontrarse con serias dificultades y con un sinfín de contratiempos para conseguir lo que se propone. Sus proyectos o esa relación que tanto había anhelado no van a realizarse tan pronto como creía.

Si es usted el que guía el caballo, su subconsciente le reprocha que se tome la vida tan a la ligera. Va a pasar demasiado deprisa por ella y no va a tener tiempo después para dar marcha atrás. O vive ahora, disfrutando de cada minuto, o, cuando se dé cuenta de lo poco que ha vivido, puede que sea demasiado tarde.

JOROBADO. Si en su sueño se cruza una persona con joroba, tenga cuidado. La imagen le está alertando ante un posible peligro que quizá pueda afectar en gran medida a su vida.

Si, por el contrario, es usted quien aparece con joroba, el sueño le invita a reflexionar sobre ese secreto que oculta tan celosamente. Es una forma de animarle a contarlo pues, de no ser así, su secreto llegará a saberse antes o después.

Relacionado con el significado en sí de la superstición que atribuye cierta fortuna o

suerte al hecho, entre otros, de pasarle un décimo de lotería por la chepa a un jorobado y, por extensión, a cualquier otra persona por la parte superior de la espalda, soñar con una persona con joroba puede estar anunciándonos un período de buena suerte. Hemos rastreado el origen de esta superstición en la cultura precolombina y, más concretamente, en un pequeño talismán utilizado a modo de amuleto; nos referimos al Ekeko, un ser desnudo y giboso que proporcionaba fortuna y abundancia.

LADRÓN. La figura del ladrón la encontramos ya en la mitología griega. Prometeo, hijo del titán Japeto y de Asia, recogió un día arcilla de la tierra, la mojó con sus lágrimas y formó con ellas varias imágenes a semejanza de los dioses. Así nacieron los primeros seres humanos. Pero Zeus sospechaba de esas nuevas criaturas, pues no eran creación suya. De modo que cuando Prometeo le pidió

para ellos el fuego, el dios decidió negárselo, ya que temía que aquellos se volviesen más poderosos que él. Mientras tanto, Prometeo, con un palo fabricado con un trozo de vegetal seco, se dirigió al carro del Sol, donde, a escondidas, robó el fuego.

La presencia de un ladrón en sus sueños puede llegar a producirle cierta intranquilidad pues, seguramente, esté ahí para llevarse todo aquello que usted tiene por lo más preciado, y quizá pretenda desposeerle de sus bienes. El sueño pone en su conocimiento que en la vida real usted se siente desposeído de algo que consideraba suyo: tal vez un objeto o, por qué no, de la amistad o del ca-

riño de una persona. Preste atención a la naturaleza de la cosa robada.

Puede también que el sueño no sea más que el reflejo de un período de frustración, pero siempre con esa idea latente de que usted se siente despojado de algo o alguien a quien otorgaba un gran valor.

Si descubre que el ladrón de sus sueños es usted mismo, la imagen le está anunciando que en la vida real está adueñándose de algo que no le pertenece. En ese caso, analice lo ocurrido, ya que el sueño sólo está re-

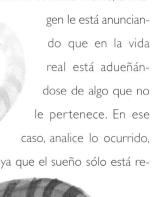

flejando un sentimiento de culpa ante su propio comportamiento.

MAGO. Un mago es aquel individuo que, valiéndose de actos o palabras, consigue producir una serie de fenómenos de naturaleza extraordinaria, normalmente contrarios a las leyes naturales.

Si en el sueño usted aparece vestido de mago, con su chistera y todo, la imagen le presenta con el don especial de resolver cualquier problema que se le ponga por delante. Tiene un potencial enorme que sólo ha de preocuparse por saber cómo aprovechar. La providencia está de su parte, y la magia blanca le ayudará a convertir en realidad sus deseos.

Si en el sueño se ve invocando la intervención de espíritus malignos o del demonio, su subconsciente le está avisando de una situación negativa que usted mismo puede provocar. Analice si no estará metido en algún asunto sospechoso o si no se estará rodeando de personas nada recomendables. Pregúntese si está empleando su energía correctamente o si se está dejando llevar por una serie de fuerzas que pueden lanzarle al abismo. Si sueña con que asiste a un espectáculo de magia, la imagen significa que le inquieta conocer los misterios de la vida y la muerte, y desea saber qué hay más allá. Recurre al mago pues usted no es capaz de descifrarlos por sí solo.

MENDIGO. Si un mendigo es aquél que está desprovisto de todo bien y pide, por ello, limosna, vernos convertidos en mendigos en nuestros sueños es reflejo de un temor inconsciente a perder algo que tenemos. Quizá el sueño le quiera avisar de que está siendo demasiado materialista y de que se muestra reacio a compartir. Aproveche el consejo y analice su comportamiento: lo mejor está en su interior, y ha llegado el momento de dar de lo suyo.

Si en el sueño se topa con un mendigo, dele cuanto le pida pues, de lo contrario, se verá avocado a una etapa de pérdidas eco-

nómicas. Puede ser que este encuentro sea una forma de que sienta remordimientos por su forma de actuar y recapacite.

NIÑO. Aunque no se puede descartar que, si sueña con niños y esté buscando tenerlos, sea símbolo de que se ha quedado embarazada, los niños en los sueños sirven siempre de pronóstico de buena suerte y de un futuro prometedor. Tal vez porque ellos mismos son el fruto de una relación y se les ve como signo de esperanza.

Cuando los niños se le presenten jugando, puede significar que todos los asuntos

que tiene pendientes se van a resolver de forma satisfactoria. Por fin se va a dar ese cúmulo de circunstancias que le van a permitir salir adelante.

Si sueña con un niño que llora porque le han castigado o porque sus compañeros de colegio le han pegado, la imagen le prevé ante los que usted creía que eran sus amigos. En un futuro próximo van a actuar de un modo que usted se va a sentir decepcionado y engañado.

Un niño recién nacido simboliza el principio, el génesis o el nacimiento. Si sueña con un bebé, el recién nacido revela que en usted se está produciendo una metamorfosis espiritual o mental. Usted está abandonando todas esas ideas y concepciones que daba ya por válidas pero que, anticuadas, no le servían como respuesta a los interrogantes con los que se iba encontrando.

Soñar con niños es también símbolo de la infancia. En ese caso, estamos ante un sueño de regresión. Por algún motivo, su subconsciente le invita a retroceder a esa etapa anterior. Tal vez sea para devolverle a aquel mundo sin preocupaciones o, también, porque puede haber conflictos o tensiones no resueltas de aquella época que reclaman la solución que no tuvieron.

Si la imagen le presenta a usted como una persona ya adulta, pero se ve en la que fue la casa de su infancia o en los escenarios en los que vivió de niño, el sueño le proporciona datos que tenía ya olvidados. Quizá sea una forma de facilitarle la solución de esos conflictos de los que antes hablábamos y a toda una serie de complejos latentes. Puede que sea un paso más a la conquista de esa paz interior que tanto ha anhelado siempre.

Para dejar una vez más patente las diferencias tan pronunciadas en la interpretación de los símbolos de los sueños más comunes, podemos tomar como ejemplo al niño. En Occidente, como hemos visto, soñar con un niño es algo positivo. En China, soñar con un niño es un signo negativo. El niño es símbolo del *hsiao-jen,* el ruin, una persona despreciable que se caracteriza por su pequeñez mental. Cuando un chino sueña con un niño, debe estar alerta de las intrigas que contra él pueden estar tramando este tipo de personas. Sin embargo, el sexo del niño cambia su significado. Si el sueño es con una niña, los chinos lo interpretan como señal de que vendrá un *kuei-jen,* una persona que nos hará favores.

PAYASO. O artista de circo que hace de gracioso, con traje, ademanes, dichos y gestos apropiados. ¿Es así como le ven los demás? Puede que su subconsciente le esté haciendo caer en la cuenta a través de esta imagen de que su actitud ante la vida, y hasta su propia apariencia, hacen que el resto de la gente no le tome en serio. Usted se empeña en hacerles reír, y ahora es difícil que cambien de actitud.

Si no es usted el payaso de sus sueños, la persona que se esconde tras las pinturas y tras esa cara alegre es de la que su subconsciente le quiere prevenir. Tras esa falsa relación cordial hay alguien que está intentado hacerle daño. No se fíe del payaso.

POLICÍA. A pesar de que un policía está encargado de mantener el orden público y de velar por la seguridad de los ciudadanos, no vamos a negar que cuando vemos uno en la ciudad siempre volvemos la mirada, supuestamente porque estamos cometiendo un acto que va en contra de las normas.

Y es igual en el sueño. El policía que se le acerca es un correlato de su subconsciente. La imagen refleja que en la vida real usted ha cometido una mala acción ante la que se siente culpable. Es ese mismo sentimiento de culpabilidad el que llama a un agente de la autoridad para que le sancione. Usted sabía de antemano que estaba mal comportarse así, pero no corrigió su conducta, aun a sabiendas de ello, y ahora es el policía quien viene a constatar que no es-

tuvo bien actuar de esa forma. Es una manera de autorreprocharse lo que hizo.

Si el policía le vigila en sus sueños, es porque usted está cometiendo una serie de errores en la vida diaria que pueden volverse en su contra y acabar resultando peligrosos. La imagen le sugiere que tenga cuidado. El policía no está ahí para intervenir, sino para que usted sopese las situaciones antes de actuar. Ya sabe que corre peligro y que debe cambiar de forma de comportarse.

Puede que el policía venga a sancionarle su forma de actuar ante los demás. Es una autoacusación que usted mismo se hace. ¿Acaso está tratando a las personas de su entorno de una forma despótica?, ¿no estará rechazando o dando de lado a alguien? Seguramente, el policía le encontrará culpable y le pondrá una multa pero, de ser más grave su falta, acabará arrestándole, si no toma alguna medida y cambia de actitud.

Por último, si, sin saber el porqué, el policía se le presenta con actitud amenazante en su sueño, y usted se sabe inocente de toda culpa, puede ser un aviso de que alguien le está traicionando en la vida real. Seguramente, se trata de una persona que tiene cierta autoridad sobre usted. Esté alerta y no permita que ponga en juego su honor.

REINA. La imagen de la reina es símbolo de la feminidad poderosa. Tras ella, hay una madre, una amante o una jefa que quiere imponer su fuerza y su presencia en todo momento. El sueño sólo quiere que usted vea desde fuera, como mero espectador, esta re-

lación de dependencia, y puede que de sumisión, que se establece entre usted y ese personaje femenino. El sueño le deja a usted la decisión de romper o no con ese vínculo que le ata y del que tanto depende.

Si, por el contrario, es usted la reina, el sueño puede interpretarse bien como culminación de su proceso de maduración personal o como manifestación de una ambición desmedida. El subconsciente le está pidiendo que analice su forma de actuar.

Piense si no se estará excediendo en su ejercicio del poder. ¿Es acaso usted una de esas personas que le encuentran cierto atractivo al hecho de mandar sobre los demás?, ¿no estará usando su poder para fines poco éticos?, ¿no estará imponiéndose más allá de todo límite? Recuerde que un reinado puede convertirse, sin que nos demos cuenta, en una dictadura.

Si la reina es destronada en el sueño, puede anunciar falta de seguridad en uno mismo, a pesar de la apariencia de autoridad,

o que realmente se ha excedido a la hora de llevar a la práctica su poder. Quizá ha terminado abusando de la confianza que los demás han depositado en usted, y son ellos mismos los que han decidido destronarle.

Por último, la reina puede avisarle de que está a las puertas de una etapa de éxito o de un buen momento económico. Aprovéchelo.

REY. Sinónimo de poder, de autoridad, pero también de sabiduría.

Sin embargo, la figura del rey esconde en sí misma una paradoja.

Si usted sueña con su propia coronación como rey, la imagen puede ser reflejo del momento de plenitud por el que pasa. Tras mucho tiempo de dudas y contratiempos, ha llegado a la culminación no sólo de sus proyectos, sino también de su propia plenitud personal. Pero ser el protagonista de dicha coronación puede estar advirtiéndole también de que, de alguna forma, sólo desea escalar posiciones, ya sea en su vida profesional o a nivel social o económico. Hace mucho tiempo que los ideales o que las personas le dejaron de preocupar y de importar. Ya sólo cuenta el dinero, las riquezas y lo material.

Soñarse como rey puede sugerir también que usted se ha convertido o es una persona egoísta o ególatra. Lo único que le importa es aquello que puede ir en beneficio de su interés, sin importarle lo más mínimo lo que le pueda ocurrir a los demás. Y su subconsciente se lo reprocha: usted no es el centro del mundo. Deje de tenerse ese amor exagerado y piense un poco en los demás.

SACERDOTE. Como persona dedicada y consagrada a hacer y ofrecer sacrificios, la imagen de un sacerdote en sus sueños pue-

atan a este mundo terrenal. En ese caso, puede ser que su subconsciente le esté advirtiendo de que debe abandonar su comportamiento egoísta y romper las ataduras que no le hacen ver más allá de las cosas que posee. Seguramente, lleva un tiempo teniendo una conducta egoísta hacia los demás, donde el resto de las personas han dejado de importarle.

Si en el sueño ve a un sacerdote en el púlpito o confesándole, es un aviso de que su conducta es del todo reprobable. Si no se ha dado cuenta de ello, intente analizar cómo se ha comportado en los últimos meses. Tal vez éste sea el momento de encontrar la esencia de su ser, que, con tantas preocupaciones y problemas, anda desorientado y perdido.

de estar pidiéndole que recuerde cuáles son aquellos compromisos que usted había aceptado asumir, ya no sólo con los demás, sino con usted mismo. Tal vez la fidelidad hacia esas personas se ha venido debilitando, y ha llegado el momento de retomarla. Esos compromisos le obligaban a seguir un camino y, posiblemente, se ha apartado de él.

Además, el sacerdote es un símbolo contrario a todos los valores materiales que nos

SOLDADO. Todo soldado sirve en un ejército. Siempre que soñemos con un militar éste va a simbolizar las normas sociales a las que, en cuanto ciudadanos, estamos sujetos. Sin embargo, y aunque hayamos optado por

vivir en sociedad, estas normas de conviven-
cia las vamos a vivir como una especie de
presión que no siempre estaremos dispues-
tos a soportar.

Si en su sueño aparece un soldado de
servicio, la imagen le recuerda que vive en
sociedad y que debe cumplir unas normas.
Tal vez usted vive un poco al margen de la
propia sociedad, como un espíritu libre. Su
subconsciente le está recriminando su falta
de disciplina no sólo en su forma de comportarse, sino mayormente a la hora de alcanzar las metas que se ha propuesto.

Si hay algo por lo que quiere luchar o
algo que quiere conseguir, no puede cejar
en el empeño hasta lograrlo. Seguramente, un día se marcó unas metas, unos objetivos que parecían darle más sentido a
su vida pero, cada vez que se da la vuelta, usted opta por el camino, por la forma de vida más sencilla. Y el soldado
está ahí para recordarle que había
optado por algo diferente, por algo
«más grande» con lo que sentirse
más a gusto consigo mismo.

Si sueña con un grupo de
soldados, se trata de un aviso
ante un problema al que tendrá que enfrentarse en un
corto periodo de tiempo.
Pero no pretenda hacerlo

solo. Pida ayuda a las personas más cercanas.
El problema tiene la suficiente envergadura
como para estar acompañado.

Si los soldados están vestidos de gala y
los ve en un desfile, la imagen le previene
ante su forma de vida. Una y otra vez se deja
llevar por los excesos y se muestra incapaz
de controlarlos. Su subconsciente le enfrenta
a la imagen del desfile para que compruebe
lo ridículo de tanto uniforme y tanta vanidad.
Abandone esa idea que le hace conceder
tanta importancia al aspecto material.

Soñar con rasgos físicos humanos

ARRUGAS. Verse con más arrugas de las que realmente se tiene indica que nos invaden ciertos temores y, por tanto, estamos pasando por una etapa negativa. Simboliza que tenemos la actitud vital de una persona anciana. Sin embargo, el sueño nos está invitando a librarnos de esos miedos y a abrirnos.

BARBA. La barba se considera sinónimo de fuerza, de ahí su uso como demostración de poder. Incluso en algunos enterramientos egipcios se han encontrado amuletos con la forma de la barba real (de aspecto grueso y cilíndrico). Se supone que era un amuleto que otorgaba fuerza y poder a todo aquel que lo poseyera.

Cuando en sueños usted se ve con barba, la imagen quiere resaltar el poder y la influencia que tiene entre los demás. Debe aprovechar este momento para crear energía positiva entre su grupo de amigos. Ellos le seguirán en todo lo que usted diga.

Si se afeita la barba, puede querer decir que ha llegado el momento de actuar sobre ese asunto que tanto le preocupa. Es su propio subconsciente el que le está pidiendo que pase a la acción.

Si en sueños se deja crecer la barba, es un toque de atención para que modere su ansia de poder. Últimamente, ha estado queriendo imponer su punto de vista a los demás, sin respetar su opinión.

Si la barba le crece y no se la corta, su subconsciente le está haciendo ver que no está actuando limpiamente. En ese problema que ha surgido, usted esconde algo que ni siquiera se atreve a reconocer. ¿Por qué no se para a reflexionar?

Por último, si en su sueño aparece la figura de un barbero, puede contar con la colaboración y ayuda de personas importantes en la consecución de sus proyectos.

CALVICIE. La sabiduría popular atribuye la calvicie a la pérdida de energía viril, pero dejémoslo en eso, en una simple creencia.

Soñar con personas calvas o con que nos quedamos calvos es un aviso de peligro ante futuras proposiciones de las que vamos a ser objeto. Pueden tratarse de proposiciones profesionales, económicas y hasta sentimentales o amorosas, pero todas esconderán, bajo una apariencia de total normalidad, la actitud deshonesta y egoísta de la persona que nos la realiza. Esa persona sólo busca estafarnos y engañarnos, bien para quedarse con nuestros bienes o para abusar de nuestra confianza y enterarse de detalles íntimos que nadie conoce. Tal vez sea la envidia la que le lleva a actuar de ese modo. Ya está sobre aviso.

VOZ. Seguramente, no es la primera vez que sueña con esa voz. Siempre que la oye, intenta descifrar lo que dice, pero le resulta imposible. Parece como si viniera del más allá. Y, además, no es su voz, aunque tampoco reconoce a quién pertenece.

Si oye una voz en sus sueños y no sabe quién le habla, debe interpretarlo como una voz que procede de su mundo interior. No se pare a distinguir lo que le dice, porque lo importante no es el mensaje, sino el aviso en sí. Su subconsciente le emite esta señal de alarma, y es usted quien debe descifrar su contenido. ¿Acaso está posponiendo una decisión que debería haber ya tomado?, ¿tal vez se trata de un cambio del que usted todavía no es consciente?

El hombre y un mundo a la medida de sus sueños

El hombre se va rodeando a lo largo de su vida de toda una serie de bienes materiales a partir de los que crea un mundo propio. Comienza construyéndose una casa, que va llenando de pequeños detalles hasta convertirla en hogar.

Este mundo que da respuesta a las necesidades del hombre encuentra también su correlato en el universo onírico. En los sueños, puede ocurrir que su casa no tenga nada que ver con su casa real y que descubra que nada de lo que hay en ella lo reconoce como suyo. Ni esos libros ni ese teléfono están en su casa, pero están en el sueño por alguna razón que su subconsciente quiere que usted descifre.

Es en este apartado donde los símbolos presentan una imagen más cotidiana. Seguramente, jamás se le habría ocurrido pensar que un simple vaso pudiera tener relación alguna con el Santo Grial o que un espejo pudiera estar advirtiéndole de cierto peligro o que se utilizara en adivinación para preguntar a los espíritus. Es a todo eso a lo que va a encontrarle respuesta en estas páginas.

El mundo que el hombre crea le permite también satisfacer necesidades primarias como es alimentarse y vestirse. Una vez más, soñará con cosas tan comunes como un plato de arroz, un bolso o se verá comiendo un cuenco de fresas. Aunque antes de leer estas páginas, le resulte casi imposible atribuir a realidades tan comunes una naturaleza simbólica, todas ellas la tienen y, si no, recuerde qué bebían en la Última Cena y si el vino encerraba o no ya entonces un significado simbólico.

El hombre, además de intentar cubrir sus necesidades más básicas, da un paso más adelante y se empeña en conseguir una serie de artículos que le identifican con cierto estatus social y que se convierten, por tanto, en marcadores de clase. En sus sueños, llegarán a regalarle un anillo o tal vez un diamante o hasta puede que, cuando despierte, le parezca estar oliendo todavía aquel frasquito de perfume que se le rompió en sueños.

Como ser social, el hombre vive también sujeto a una serie de rituales y ceremonias. Unas, como un bautizo o un entierro, son de carácter colectivo, y en ellas el hombre se reúne con más gente en un acto social. Otras las vive como un ritual individual e íntimo. Ese carácter ritual queda evidente en acontecimientos tan diarios como un examen, al que hay quien se lleva todo tipo de amuletos o repite tal o cual bolígrafo o prenda de vestir creyendo que, de esta forma, va a atraer a la suerte, o fumarse un simple cigarrillo.

Éste es el mundo que el hombre se construye y que, como tal, encuentra también respuesta e imagen en el mundo de los sueños. No es difícil entender, por tanto, que nuestro subconsciente cree, a su vez, un mundo onírico a nuestra medida.

Soñar con accesorios de una casa

ASCENSOR. El significado del sueño dependerá de las características del propio ascensor y de cómo sea el movimiento que describa éste.

Si el ascensor en que va montado tiene techo y sube, indica que los logros que va a obtener serán transitorios. Se trata de un ascenso a corto plazo y que usted no puede controlar.

Si el ascensor no tiene techo y se pierde en el cielo, estamos hablando de una incursión en nuevas facetas de su personalidad que nunca antes se había atrevido a explorar.

Soñar que está en un ascensor que baja significa que tiene delante una serie de problemas a los que deberá enfrentarse antes o después, ya que son ineludibles.

Pero si, en vez de describir un movimiento, sueña con que se queda atrapado en un ascensor, podemos interpretarlo como una negativa a evolucionar o como una pérdida de control sobre sus sentimientos. En ese caso, lo mejor es abrirse a las nuevas oportunidades.

ESCALERA. Los sueños en los que aparece la figura de una escalera son tremendamente frecuentes a la vez que simbólicos. La escalera simboliza el medio para pasar de un nivel a otro, ya sea en una serie de objetivos, metas o ten-

total, ya sea en el aspecto material como interiormente.

Por su parte, si aparece una escalera de caracol, indica que está atrapado en un círculo vicioso difícil de romper. Ésta suele ir acompañada por un profundo sentimiento de angustia y miedo, y anuncia que estamos gastando nuestras energías en algo que no merece tanto esfuerzo.

ESPEJO. A parte de ser símbolo de sensualidad y vanidad (recuerde el espejo de Blancanieves), lo que sí parece claro es que se trata de una advertencia de peligro. Un espejo roto es siempre signo de desgracias. La superstición habla de siete años de mala suerte para quien rompe un espejo, pero quizá su explicación le haga dejar de creer en ella. cuando en las casas de los ricos los esclavos no tenían cuidado con los objetos caros, sus señores les advertían de que si rompían los espejos, tendrían mala suerte. No olvide que el espejo «engaña» a nuestro sen-

siones. Además, cada peldaño representa un conjunto de dificultades que hay que superar, y cada uno es independiente del resto.

Si la escalera le lleva hacia arriba, predice éxito o una mejoría temporal en su posición. Le costará mucho esfuerzo conseguir lo que quiere pero, finalmente, acabará logrando lo que se ha propuesto.

Si, por el contrario, se ve bajando la escalera, significa que está sometido a un cúmulo de tensiones. Tal vez pueda sugerir también la idea de conocerse, bajar a las profundidades de su ser para descubrir los verdaderos motivos de sus actos.

Si no puede subir ni bajar la escalera, se encuentra en una etapa de estancamiento

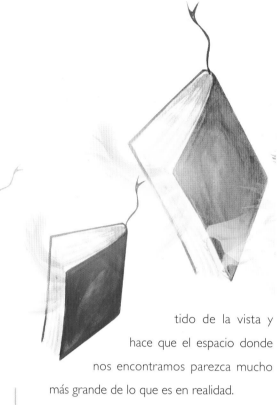

tido de la vista y hace que el espacio donde nos encontramos parezca mucho más grande de lo que es en realidad.

La imagen que reflejan es tan engañosa que, al mirarnos en ellos, no nos vemos tal y como somos, sino que asistimos al reflejo de cómo nos ven los demás. De ahí que, en el espejo, el lado derecho lo veamos a la izquierda y al contrario.

Tal vez con esta imagen su subconsciente le haga pararse a reflexionar si realmente está presentando su verdadero yo a los de-

más o si se ha construido un personaje que nada tiene que ver con usted.

Sin embargo, si sueña con un espejo roto que ha dejado de reflejar su imagen, su subconsciente le está advirtiendo de la falta de comunicación con su mundo interior. Son pocos los momentos en que usted se para a reflexionar sobre su propio yo o sobre las motivaciones que le llevan a realizar un acto u otro. Y eso es lo que su subconsciente le está reclamando.

Curiosamente, el espejo se utiliza en adivinación para preguntar a los espíritus, quizá por esa idea de que reflejan nuestra verdadera alma. Hay quien los tapa o los pone de cara a la pared, cuando alguien muere, para que el difunto no aparezca a través de él y se lleve consigo a alguno de los presentes.

LIBRO. Los libros siempre han sido los depositarios de la sabiduría, pero usted no quiere ser más docto ni saber más, si se encuentra rodeado de libros en su sueño. El libro que ha elegido y que con tanta voracidad se dispone a leer es el libro de su vida. Si es así, su subconsciente le está aconsejan-

do que se pare por un momento a analizar su vida y busque en ella los motivos para seguir adelante. Seguramente, tiene ante sí un problema que le preocupa y que no sabe solucionar. Y la clave para ello está en el libro, en su propio interior. No tiene que buscar más lejos.

Si se ve solo, leyendo un libro plácidamente, la imagen presenta la necesidad que tiene de recogimiento, de aislarse del resto del mundo para poder disfrutar de la soledad. A usted estar solo no le causa ninguna angustia sino, muy al contrario, es algo que anhela. Es una forma de buscarse a sí mismo entre las páginas de su libro preferido, que es el libro de su vida.

Si el libro está cerrado encima de una mesa, éste guarda un secreto que usted no quiere que se conozca. Tal vez se vea cogiéndolo y ordenándolo entre los demás en la estantería para que pase inadvertido. Pero si ve leyendo a alguien, esas personas intentan inmiscuirse en su vida privada, bien por envidia o porque quieran acabar con su reputación.

Si al libro le faltan hojas, se trata de aquellas en las que se cuentan los episodios de su

vida que quiere olvidar o que, en su día, fue incapaz de asumir y ni siquiera ha llegado a escribirlos para que parezca que no existieron.

PUERTA. La puerta es un lugar de paso, el camino, principio o entrada para iniciar un nuevo rumbo. Y como tal lugar de paso, nos abre la posibilidad de decidirnos por un cambio. No vamos a negar que se trata de una decisión importante y, tal vez, vital, pero es

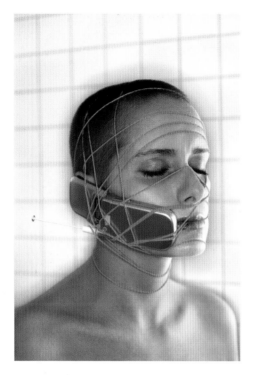

sepa lo que le espera al otro lado, pues no será más que una forma de iniciar el camino hacia el éxito laboral y personal.

Si la puerta está cerrada y no encuentra las llaves, no desista en el empeño. Siga buscándolas para abrir la puerta y cruzarla. Lo más seguro es que usted se encuentre en una situación crítica y esté a punto de darse por vencido. No debe dejar esa crisis sin resolver porque, al final, se arrepentirá de no haber seguido adelante.

Si son varias las puertas las que se le presentan abiertas, su subconsciente le avisa de que es hora de tomar decisiones. Ya no puede seguir postergando ese momento. Si no lo hace ahora, quizá la próxima vez se encuentre las puertas cerradas.

Por último, la puerta que tiene delante puede ser muy estrecha y demasiado baja para caber por ella. No tema. El sueño le avisa de que va a tener que renunciar a algo para atravesar la puerta. Y es usted

usted quien debe sopesar las dos opciones, la de atreverse a cruzar la puerta o, por el contrario, no tomar la decisión.

Si la puerta ante la que se encuentra está abierta y la cruza, está decidiendo seguir adelante. Dé ese paso, aunque tenga miedo y no

quien debe decidirlo: al otro lado le espera el éxito.

TELÉFONO. La imagen onírica de un teléfono está relacionada siempre con la necesidad de comunicación. Su subconsciente le está avisando de que no puede seguir tan aislado del resto del mundo. Tal vez haya descuidado sus relaciones, sus amistades. ¿Cuánto tiempo hace que no habla con sus amigos? Ahora es el momento de retomar ese contacto. Claro que resulta difícil llamar a alguien con quien no hablamos hace meses, pero lo que también es cierto es que la distancia que la separación había ido abriendo se cierra en el momento en que empezamos a hablar.

Puede darse también el caso de que el teléfono esconda nuestro deseo de que alguien en concreto nos llame. De alguna forma, queremos hablar con una persona que pueda entendernos y a la que confiar nuestros más íntimos secretos. No puede seguir por más tiempo callando esa necesidad íntima de sacar a la luz sus sentimientos. Tampoco le costará tanto. Pero no espere a que el teléfono suene. Sea usted quien, ya en la vida real, dé el paso de realizar esa llamada.

Si el teléfono suena y usted no lo oye en su sueño o corre pero, cuando llega a cogerlo, la llamada se ha cortado y no han dejado ningún mensaje, su subconsciente quiere que analice esa situación tan complicada en la que se ha metido. Analice si está obrando según sus principios o si ya no le hace caso a su conciencia y vive de forma

alocada, sin dar valor alguno a las acciones que realiza.

Puede ocurrir también que, aunque oiga el sonido del teléfono de que hay alguien llamando, usted no quiera cogerlo. Lo deja sonar una y otra vez hasta que para. Esta imagen sólo representa el pánico por el que usted está atravesando. En realidad, no quiere enterarse de eso que tanto le preocupa en su relación con otra persona, pero su subconsciente le anima a terminar con esa situación.

VASO. El símbolo del vaso sagrado, en tanto que fuente de poder y causa de milagro, es tan antiguo como la propia Historia. Es evidente la relación entre el vaso o cuerno de la abundancia de las tradiciones antiguas, el simbolismo celta del recipiente mágico y el significado eucarístico del cristianismo: el vaso es el continente del alimento o de la bebida de la inmortalidad, de la propia sangre de Cristo.

Puede que en su sueño usted mismo se asombre de verse buscando un vaso. Esa misma copa le fue confiada a Adán en el Paraíso, pero la perdió cuando le expulsaron del Edén. Su deseo de encontrar ese vaso es un correlato de la búsqueda del Santo Grial. Pero lo que realmente usted busca es esa recuperación paradisíaca, el reencuentro con su mundo interior. Son tantas las cosas que le mantien apartado de su propio yo que su subconsciente le pide que se vuelva hacia dentro. Se supone que el Santo Grial está presente para todos aquellos que están preparados y que han luchado por ello. No crea que le va a resultar fácil encontrar el vaso. Es un camino largo que comienza por conocerse.

Si, por el contrario, el vaso que tiene en la mano en su sueño está lleno de agua, la imagen le está anunciando un período lleno de felicidad y éxito. El agua es símbolo de nuestras emociones y sentimientos, en este caso, positivos.

Si estuviera vacío, su subconsciente le está queriendo hacer ver esa enorme dificultad que usted tiene para expresar lo que siente. Si así fuera, no puede permanecer ni un minuto más en ese estado de aislamiento.

La última posibilidad es que el vaso se le caiga de las manos y se rompa. Esta nueva imagen nos hace estar alerta, pues puede que haya alguien que quiera hacernos mucho daño, hasta tal punto que puede buscar crear malestar en nuestra familia o entre nuestros amigos.

Soñar con alimentos

ARROZ. Símbolo de prosperidad y abundancia en Oriente, ha pasado a Occidente como augurio de felicidad y prosperidad por largo tiempo. De ahí, la costumbre de lanzar arroz a los recién casados, en un intento por bendecir su unión eternamente.

Por tanto, soñar con arroz es un presagio de éxito en el mundo profesional y en las relaciones sentimentales. Todo va a salirle como espera, y hasta la más mínima rencilla que pudiera haber tenido con una persona cercana se va a suavizar. Todo va a fructificar en su hogar. Es más, si está pensando en tener descendencia, éste es el momento.

BERENJENA. De origen hindú, llega a España con la invasión árabe. Ya entonces se la tenía como un poderoso afrodisíaco, y como tal se la menciona en la literatura árabe.

Soñar con ella puede significar un exceso de perfeccionismo. Tal vez su subconsciente se lo esté recriminando, pues esa actitud no le deja seguir adelante y prosperar.

Puede ser también que la imagen en sí le avise de que actuando como lo está haciendo, es decir, con indecisión, lo único que consigue es servir a varios objetivos a la vez. Su subconsciente le reclama una mayor decisión y autoridad.

FRESA. Las fresas son un fruto carnoso y muy sugerente. El deseo de comerse un plato lleno de fresas es una imagen recurrente en el mundo onírico. Por el color rojo del fruto, suele anunciar una aventura amorosa en ciernes, y simbolizan pasión y deseo. Las fresas aluden a lo efímero de los placeres. Si sueña con que no llega a probar las fresas, el mensaje que su subconsciente le quiere transmitir es más que evidente. En su vida real, usted somete sus deseos a una represión demasiado estricta. Son esos deseos sexuales inhibidos los que ahora salen a la luz. Por tanto, la imagen le avisa de que debe ser una persona menos racional. No intente buscarle una causa a todo y dé cauce a sus instintos. Las fresas simbolizan esos placeres de la carne que a usted tanto miedo le da expresar. Deje de reprimirse. Ya sabe que el placer es efímero.

LECHE. La leche es el alimento por excelencia. Su imagen en los sueños nos retrotrae a la infancia y, por tanto, al tiempo que se presenta como símbolo de felicidad y seguridad, que también lo es de la inocencia.

Si en el sueño se ve bebiendo leche, se trata de un buen augurio. La imagen está indicándole que va a tener una etapa de buena racha en los negocios y en sus relaciones. Seguramente, va a realizar un viaje de placer, y en su familia y en su hogar va a reinar la felicidad.

Como símbolo de la infancia, el sueño puede querer advertirle también de que en un corto espacio de tiempo va a conocer a una persona de la que se va a enamorar locamente. Pero lo va a hacer como si fuera un niño, sin pararse a analizar siquiera si es una relación que le conviene o no. Será un auténtico flechazo, pues el sentimiento aparecerá sin esperárselo, de forma totalmente repentina. Tal vez su subconsciente le esté advirtiendo para que vaya con cierto tiento y con una pizca de desconfianza. La otra persona no deja de ser un extraño en su mundo.

Si sueña con que se está bañando en leche, la imagen traduce su anhelo de diversiones, placeres y lujos. Puede que esté cansado de tanta rutina, y su subconsciente le reclame momentos de esparcimiento donde no tenga que meditar si lo está haciendo bien o mal. Echa en falta momentos de placer por el placer, de diversión y nada más.

MANZANA. Es difícil no asociar la manzana con la fruta prohibida del Paraíso. Y ésa es una de las lecturas que puede hacer de su sueño.

Si alguien le regala una manzana roja o se encuentra una, es porque esa persona quiere incitarle a actuar de una determinada forma. Su subconsciente le previene con esta imagen para que sepa que, si se deja convencer, puede que resulte ser algo perjudicial para usted. Le está intentando hacer ver que si actúa, no lo hace por puro convencimiento, sino por el mero gusto de no tener que luchar contra la tentación.

La misma manzana puede ser un buen presagio. Todo aquello que anheló durante tanto tiempo está a punto de realizarse. Ha

llegado el momento de recoger el fruto de tanto esfuerzo.

SAL. Desde los tiempos más remotos, la sal ha sido tenida como elemento esencial, no sólo por sus propiedades purificadoras, sino como algo perdurable e imperecedero, capaz de evitar que los elementos se descompusieran. En los países orientales era costumbre colocar sal delante de los extranjeros como signo de amistad y buena voluntad.

A pesar de su carácter positivo, cuando en un sueño se le presente la imagen de la sal, tenga en cuenta que su subconsciente quiere que vigile esos deseos, anhelos y emociones un tanto estancados. Ya nada le ilusiona. Quizá, incluso, se esté comportando de forma de-

El vino, por su color, y por ser «la sangre» de la vid, es también la sangre de la vida y hasta el elixir de la inmortalidad. Los griegos nunca hacían libaciones de vino a los dioses del inframundo, pues esta bebida estaba reservada exclusivamente para los vivos.

En este sentido, su sueño es una invitación a vivir sin ningún tipo de reserva. No sea usted el que se ponga cortapisas. Debe desprenderse de todo aquello que le impide alcanzar el camino de la autorrealización y la felicidad.

Si en su sueño aparecen uvas, en cuanto fruto de la vid, la imagen le pronostica un período de éxitos. Las uvas son todas esas nuevas responsabilidades que tendrá que asumir en breve, pero que no le costará manejar. Si los racimos de uvas cuelgan de la planta, el éxito tardará aún un tiempo en llegar.

masiado rigurosa y severa para con las personas que le rodean. Es hora de cambiar, de evolucionar. No porque intente mantener inalterable el mundo que le rodea éste va a dejar de avanzar.

UVA. Es un símbolo de plenitud y vida. En Grecia, la vid estaba consagrada a Dioniso, señor del éxtasis, de la vida, de la muerte y de la renovación. Los pueblos de Oriente la identificaron con la planta de la vida, idea compartida por muchas otras culturas, que la consideraron símbolo de la inmortalidad. La planta y su fruto se consideran generalmente símbolo de Cristo y de su sacrificio.

Al mismo tiempo, la vid, junto al vino, es símbolo de la liberación de nuestras inhibiciones. Por tanto, si sueña con que se está tomando un vaso de vino, la imagen le sugiere que permita salir a la luz su lado más oculto, que deje de reprimir sus emociones.

Soñar con artículos de lujo

ANILLO. El anillo, por su forma circular, es símbolo de eternidad. Así es como debemos entender el símbolo que representa la alianza que los novios se entregan en la ceremonia del matrimonio y por la que ambos se comprometen a crear entre ellos un vínculo eterno, que sellan de esta forma.

En las culturas primitivas, el anillo guardaba la idea

de amuleto de protección, que protegía a quien lo llevara de contraer enfermedades. Otorgaba a su dueño una protección mágica que evitaba que le atacaran las fuerzas del mal.

En cuanto círculo, el anillo va a representar en sus sueños la culminación de sus deseos y proyectos. Si hasta ahora usted había dudado de que se pudieran cumplir o de que pudieran llevarse a cabo, ésta es la culminación que tanto había esperado. Su subconsciente no tiene ninguna duda, y así se lo presenta. Tal vez no sean proyectos, sino sus propias emociones las que hayan llegado a su madurez.

Si alguien le regala un anillo en su sueño, le está pidiendo un posible compromiso. Y puede ser que usted esté dispuesto a asu-

mirlo o no. Junto a la declaración de amor que supone el acto en sí, recuerde que lo que le están pidiendo es un vínculo para siempre. Tendrá que renunciar a muchos aspectos de su persona y de su forma de ser. El anillo se lo entregan a cambio de fidelidad y de amor eterno.

COLLAR. El collar, como la cadena, es un signo de unión. Si sueña con que alguien le regala un collar, esa persona está queriendo establecer un vínculo con usted. Pero tenga presente que, bajo esa intención aparentemente nada sospechosa, hay siempre una relación de posesión.

Al igual que ocurre con la alianza o anillo de bodas, se trata de una relación en la que usted tendrá que prescindir de parte de su personalidad a cambio de la fidelidad y de la lealtad de la otra persona. Asuma que está diciendo que sí a un vínculo de esclavitud y servidumbre.

No debemos olvidar que el collar es una joya y, como tal, puede impresionar más por sí misma que por las cualidades de quien la lleva. Ésa es la razón por la que, si sueña con que el collar o collares están en manos de otra persona, la imagen le está avisando de que alguien está tratando hipócritamente de impresionarle con fines nada claros. Hay alguien que le halaga y adula, pero no debe creerse tantos honores y atenciones.

Si es usted quien luce el collar, igualmente, la joya anuncia que tendrá admiradores, pero no sinceros. Lo único que les atrae es el collar (¿su dinero?, quizá), lo que indica falsas promesas. Difícilmente usted va a sobresalir por usted mismo, es decir, todas esas aten-

ciones están dirigidas únicamente a la joya y no a quien la lleva.

DIAMANTE. Hasta el siglo XV sólo los reyes eran dignos de llevar diamantes, que se convirtieron en símbolo de poder e inefabilidad. Sin embargo, a lo largo de los siglos, el diamante fue adquiriendo su condición de regalo y se identificó con el amor. La misma palabra diamante proviene del griego *adamas,* que significa todo aquello que resulta inconquistable, en referencia al carácter eterno del amor.

La tradición de las sortijas de compromiso de diamantes no nació hasta el año 1477,

cuando el archiduque Maximiliano de Austria le regaló una a María de Borgoña.

Si es usted mujer y sueña que le regalan diamantes y que se adorna con ellos, su subconsciente traduce ese profundo anhelo que siente por casarse con un hombre muy rico y de gran prestigio y poder dentro de la sociedad.

Si se trata de una sortija de diamantes, seguramente se la pondrá en el dedo anular de la mano izquierda, costumbre que data del tiempo de los egipcios, ya que estos creían que la *vena amoris,* la vena del amor, iba directamente desde el corazón hasta la punta del dedo anular de esa mano.

Si durante el sueño pierde uno o varios diamantes, es un aviso de que sus deseos no llegarán a cumplirse, tanto sus deseos de amor eterno como el de aspirar a poseer grandes riquezas y a destacar en sociedad.

JOYA. Las joyas representan una realidad que se manifiesta de forma atractiva, pero que esconde siempre tras de sí un engaño o peligro en el terreno profesional. El sueño nos está avisando de que pueden hacernos una propuesta laboral que resulte ser a la larga mucho menos deslumbrante de lo que parecía en un principio. Medítelo antes de aceptar el cambio y no se fíe de lo que le ofrecen.

Si sueña con que se encuentra una joya perdida, está ante una tentación peligrosa. Una vez avisado, debe apartarse de ella, sobre todo porque puede tratarse de una situación que acabará perjudicándole.

MONEDA. Aunque no hay nada más material que unas cuantas monedas, soñar con ellas nos va a dar la clave de cómo utilizamos nuestra energía personal y de cómo vamos a ser capaces o no de aprovechar las posibilidades que se nos presentan. Además, en su significado literal, representan todo aquello material que poseemos.

Si sueña con monedas, sin concederle mayor importancia a su valor, anuncia, por lo general, que está pasando por un momento de necesidades económicas.

Si en el sueño le preocupa que el dinero no le alcance para pagar las deudas pendientes, o bien puede estar derrochándolo o, de alguna forma, la imagen le está advirtiendo de que no sabe cómo administrar su potencial interior. Lo más seguro es que en la vida real usted se infravalore respecto de los demás.

Si, por el contrario, sueña con que se encuentra unas cuantas monedas por la calle, se trata de un símbolo de fortuna. Todos aquellos planes o proyectos que acaba de emprender tienen un gran porvenir por delante.

Soñar que, de repente, consigue una cantidad extra de dinero, es también un signo afortunado. Ante usted se abre un sinfín de posibilidades que tiene delante para aprovecharlas.

PERFUME. El olor del perfume es suave y delicioso. Su fragancia nos hace recordar a una persona por su simple aroma.

Los perfumes en los sueños suelen referirse a un tipo de vida un tanto licenciosa y volcada a los placeres. Tal vez su subconsciente le esté sugiriendo que busque un poco más en su interior, pues el exceso de diversión puede traerle alguna consecuencia negativa. Un exceso de perfume resulta embriagador y puede acabar asfixiándole.

Si en el sueño se ve perfumándose, la imagen no es más que un reflejo de su deseo de alejarse del entorno que le rodea. Puede que esté pasando por una etapa de desengaños y desilusiones, y crea

que ésta es la mejor forma de salir de la situación.

Si, hasta cuando despierta, cree que huele el perfume que se echó en el sueño, puede significar que pronto recibirá falsas adulaciones. Es una advertencia ante toda una serie de personas que sólo buscan agradarle, pero que no le dicen la verdad. Ahora quieren que usted se sienta halagado pero, no muy tarde, usted se sentirá engañado, quizá no sólo por ellos, sino incluso por la persona a la que ama.

Cuídese de derramar ese frasco de perfume que sostiene en la mano en el sueño o de que se le rompa el envase que lo contiene. Si el perfume puede representar también el éxito (no olvidemos que en el pasado era símbolo de poder económico y refinamiento), romper una botella de perfume es anuncio de fracasos inmediatos.

RELOJ. Todo reloj significa tiempo y, si las manecillas están en movimiento, nada más lejos de la muerte, con quien en otra época se relacionó esta imagen.

De lo que sí puede estar avisándonos el reloj es de la fugacidad de la vida. Tal vez su subconsciente quiera sugerirle que ha llegado la hora de ponerse manos a la obra. Hasta este momento, usted ha dejado que el tiempo y, por tanto, la vida pasará por delante suyo, sin preocuparse de si le quedaba mucho o poco tiempo. Éste es el aviso: el tiempo es oro y está ahí, ante usted, para que lo aproveche. Es su vida lo que le está pasando por delante, son los minutos de su vida los que corren. Y, después, no hay marcha atrás.

Si las manecillas del reloj avanzan a toda prisa o si no distingue la hora, la imagen le prevé ante ese ritmo de vida endiablado que lleva. Así no va a poder seguir mucho tiempo. Es cierto que la vida es fugaz, pero no por mucho correr va a exprimirle más el jugo. Es más, seguramente, el reloj también le quiere avisar de

que se centre más en un objetivo claro, en vez de ir de aquí para allá sin reposo alguno.

Si son varios relojes con los que sueña, cada uno marca una hora y usted no sabe a cuál prestar atención, es símbolo del estado de confusión en el que se encuentra. Las cosas se le presentan contraponiéndose unas a las otras y no sabe por cuál decidirse. El sueño le aconseja que se detenga, que intente poner cierta claridad en su mente o acabará autodestruyéndose.

Soñar con lugares

CASA. Simboliza nuestro ser, nuestra personalidad. Así, podemos soñar con casas grandes o pequeñas, con o sin puertas, con o sin ventanas, con las puertas y las ventanas abiertas o cerradas, etc. La fachada simboliza lo externo del soñador, y el interior de la casa es su vida íntima.

El sueño puede desarrollarse en una de las habitaciones. Por tanto, debemos analizar si ese espacio nos resulta agradable o si nos produce cierto rechazo. Tal y como sea la casa o la habitación, así será nuestra disposición en relación con una situación concreta.

Una casa vieja y destartalada simboliza una forma de vida y de pensar anticuada, lo contrario de una casa moderna.

Una casa a la que se le hunde el techo anuncia el derrumbamiento de nuestros ideales y de nuestros principios.

Si sueña con que cambia de casa, indica la necesidad de llevar a cabo un cambio en su vida, sobre todo, en lo referente a sus relaciones más próximas e íntimas.

FARO. Un faro sirve de señal a los navegantes durante la noche. Y quizá le sirva a usted también de guía. Puede que esté pasan-

do o atravesando un período de confusión, de sentimientos contradictorios, una temporada dominada por la tristeza y la melancolía, y el faro va a traerle la luz que tanto necesita.

Ese faro del sueño simboliza la claridad mental que tanto anhela. Lleva un tiempo dudando entre qué hacer, qué decisión tomar o si sus sentimientos hacia una determinada persona pueden darle pie o no para entablar una relación más comprometida. Su subconsciente le anima a seguir la luz del faro, que no es otra que la de su razón, pues ése es el único camino para tomar una decisión acertada. Tras el faro, encontrará el nacimien-

to a una nueva vida, donde habrá conseguido disipar sus miedos y complejos.

JAULA. Una jaula no es un buen lugar para estar encerrado. No sólo te sabes prisionero, sino que ves la vida pasar delante de ti sin poder participar de ella.

Si en su sueño se ve dentro de una jaula, su subconsciente quiere hacerle patente en qué situación se encuentra su personalidad. Limitada su conciencia por esos barrotes, usted no deja en ningún momento que se exprese con libertad. Se contiene demasiado, se pone demasiadas trabas. Los demás no llegan a conocerle, aunque puede que usted tampoco se conozca realmente.

Si dentro de la jaula está usted con uno o más animales, es así como se siente ante los asuntos que le preocupan. El problema es que está tan metido en ellos y son asuntos tan peligrosos que le será difícil encontrarles una solución definitiva.

NIDO. El nido, en cuanto a su significado de hogar, puede representar en el sueño tanto su entorno personal o familiar como su propia vida afectiva, su yo interior.

Si sueña con un nido vacío, la imagen sugiere que sus proyectos no marchan del todo bien. Tal vez le han hecho alguna propuesta de negocio en la que tiene puestas todas sus esperanzas pero, si el nido está vacío, no debe contar con que salga adelante, ni siquiera sus propios asuntos se van a desenvolver de una forma satisfactoria. Y no hay nada que pueda hacer para que vayan mejor. Puede que el vacío del nido tenga también que ver con una pérdida importante de dinero que usted había invertido en un negocio ajeno.

Este mismo nido vacío puede reflejar la soledad emocional y afectiva por la que está

atravesando. No sabe por qué, pero sus amigos se han ido alejando de usted y, aunque en el sueño mira una y otra vez el nido, allí nunca hay nada ni nadie. Su subconsciente no quiere esconderle la imagen, sino que le enfrenta a ella para que recupere lo perdido a cualquier precio.

Si el nido estuviera lleno de polluelos, no tema. Sus proyectos van a salir adelante. Los pajaritos recién nacidos pronostican buenos presagios para el futuro y seguridad en el aspecto material.

Si las aves fueran golondrinas, la imagen le advierte de que no se debe dejar llevar por los recuerdos. Su memoria le trae constantemente al recuerdo imágenes del pasado que

usted ya tenía olvidadas. Y así es como deben seguir.

Si sueña con que roba un nido con polluelos y se aferra a él sin poder dejar de contemplarlo, su subconsciente le avisa de la terrible soledad en la que vive. Usted se siente solo y falto de cariño. No deja de pensar que hace demasiadas cosas por los demás, que está siempre pendiente de ellos, para que luego ni siquiera se acuerden de usted.

PUENTE. Este tipo de construcción se levanta sobre los ríos o sobre un foso u otro obstáculo para poder atravesarlo o salvarlo. Sirve para pasar de un lado a otro.

En su sueño, no se trata de que usted quiera atravesar ningún río, sino que la imagen del puente le anuncia que ha llegado el

se con fuerza porque se va a bambolear. Pero no tema. ese movimiento no es más que el reflejo del momento de crisis y de dudas por el que atraviesa. No vamos a negar que cualquier cambio significa un paso hacia lo desconocido y que puede que el temor le presente una imagen de la realidad un poco distorsionada. Seguramente, todo lo que ocurra al otro lado del puente sea imprevisible, pero significará también salir de la situación estancada en la que se encuentra.

Si en su sueño no logra atravesar el puente, tampoco será capaz de salvar los obstáculos de la vida real. Y el problema no es el momento actual o su decisión de no atravesarlo, sino que no se sabe cuándo se va

momento de que tome esa decisión sobre la que tanto tiempo lleva dudando. El puente en sí es un camino abierto a su propia evolución interna. Si usted se decide a no cruzarlo, está optando por seguir como hasta ahora y que no se produzca ningún cambio en su vida. Y será una opción más, tan digna como la de cruzar el puente, pero tenga en cuenta que se lo estará reprochando una y otra vez.

Lo que sí debe tener en cuenta es lo seguro que pueda parecerle o no el puente. Si la imagen le presenta un puente levadizo con el paso abierto, dispóngase a cruzarlo. Va a vencer todos esos obstáculos que hasta ahora le parecían insalvables.

Si el puente es una pasarela colgante bajo la que se abre un enorme precipicio, agárre-

a volver a levantar el puente para que usted lo cruce.

QUIRÓFANO. Cuando en el sueño se vea en la mesa de operaciones de un quirófano, no intente salir corriendo. Ya no puede echarse atrás. Toda operación es necesaria. No crea que ha acabado ahí por casualidad. Deje de preguntarse y de autoafirmarse una y otra vez que a usted no le pasa nada, que está como un roble.

Mire más adentro, busque en su alma, en su espíritu. Allí dentro hay algo que le atormenta, ¿verdad que sí? Aunque usted sea incapaz de reconocerlo, es su subconsciente el que está planteándole la necesidad de extirpar ese mal.

TÚNEL. Un túnel es un espacio oscuro, claustrofóbico, un paso subterráneo abierto para establecer comunicación entre dos puntos. Y el túnel de sus sueños es un pasadizo que recorre su mundo interior.

Si en el túnel sólo hay oscuridad, seguramente la situación le va a crear una angustia desmedida. Esa angustia es la misma que está viviendo en la vida real. En ese caso, no tema. Confíe en su instinto, en sus propias fuerzas. Ya verá cómo todos sus miedos acaban disipándose y logra encontrar una solución.

Si, tras acostumbrarse a la oscuridad del túnel, ve una luz allí a lo lejos, aférrese a esa imagen. Es allí donde está la salida. Si no es un espejismo; aquella diminuta fuente de luz es la solución a todos los problemas.

Soñar con complementos

BOLSO. El bolso suele ser el lugar donde guardamos nuestras cosas más íntimas. Cuando alguien nos pide el bolso por el simple hecho de ver qué llevamos dentro, nos sentimos amenazados. Es como si nos pidieran permiso para violar nuestra intimidad. Y ése es el significado que debe darle si sueña con un bolso.

Si el bolso está cerrado, simboliza esos pequeños secretos que usted no quiere compartir con nadie. Usted desea guardarlos celosamente, mantener cierta reserva y ocultar sus miedos allí donde nadie pueda alcanzarlos. Tal vez lo mejor sería que se decidiera a abrir ese bolso, que le contara a alguien lo que le ocurre, pero todo el mundo tiene derecho a su intimidad.

Si pierde su bolso o se lo roban y recordar ese hecho le llena, además, de inquietud, significa, una vez más, miedo a que entren en su intimidad. Teme que le usurpen esa parcela de su personalidad.

Si el bolso con el que aparece en el sueño es un bolso de viaje, ahí lleva todas sus vivencias. Seguramente, éste sí lo va enseñando a todas las personas con las que se encuentra en el sueño. Son recuerdos de otras épocas, que serán clave para su futuro.

PARAGUAS. Siempre recurrimos al paraguas para res-

guardarnos o cobijarnos de la lluvia, pero una y otra vez nos repetimos lo incómodo que resulta tener que llevarlo en la mano y lo poco que se puede ver si hay que andar así mucho tiempo.

Esa es exactamente una de las interpretaciones que tiene la imagen, si sueña con que se cobija debajo de un paraguas. Por algún motivo, se le ha presentado la posibilidad de tener la protección de cierta persona, y usted no ha dudado en confiar y aceptar su ayuda. Pero la imagen le habla también de la pérdida de independencia. Usted se ha afe-

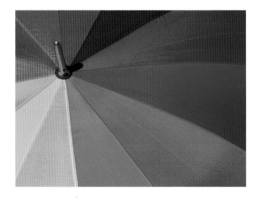

rrado tanto a esa persona que sólo ve a través de ella. Ha dejado de tener criterio propio para, a expensas suyas, dejar que sea ella la que tome las decisiones.

Tal vez se meta debajo del paraguas para huir de sus responsabilidades. ¿Qué mejor que escudarse en los demás para no tener que dar la cara? Usted no hace otra cosa que esconderse de los conflictos y dejar que sean los demás los que den el primer paso. En ese caso, el paraguas ya no sirve de protección, sino de auténtico escudo que le hace casi invisible ante cualquier dificultad ante la que haya que tomar una decisión. De este modo, su subconsciente le está reprochando, le está echando en cara esa actitud un tanto cobarde.

De seguir así, acabará perdiendo la dignidad y, mientras esté debajo del paraguas, los demás se apartarán de usted porque su presencia pasa inadvertida. Claro que pasa inadvertido para los demás y para su propia vida, en la que no deja huella ninguna.

Si sueña que es otra la persona que lleva el paraguas, hay alguien que se acercará a usted en breve pidiéndole ayuda. Intente no negársela porque realmente la necesita.

Si llueve, y usted permanece con el paraguas cerrado, la imagen le está avisando ante un posible malentendido. Tal vez sus palabras se van a tergiversar y van a crear una situación incómoda. Trate de evitar una situación así entre su círculo de amistades, con su pareja o familia. No permita que se aparten de usted porque crean que ha dicho tal o cual cosa del todo incierta.

ZAPATO. La historia del zapato es tan antigua como la humanidad misma. Tras el estudio de las pinturas rupestres en cuevas de España y del sur de Francia, los arqueólogos han determinado que ya en el año 12.000 a. C. el hombre usaba pieles, hojas de palma y madera para proteger sus pies de las inclemencias del tiempo.

Son muchas las posibilidades de realización e interpretación de los sueños en los que el protagonista es un par de zapatos. Si en su sueño usted se ve quitándose los zapatos antes de entrar en casa de otra persona, no crea que lo está haciendo por una cuestión de limpieza. Se está descalzando como indicación de que se pone a disposición del dueño de la morada. El zapato es una representación de nosotros mismos, y usted los está dejando fuera como símbolo de que no reivindica ningún tipo de autoridad personal. Va a casa de esa persona como un simple amigo, sin el deseo de arrebatarle sus zapatos y, por tanto, sin ninguna intención de imponérsele.

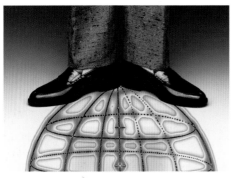

Si una persona le regala en su sueño un par de zapatos, fíjese bien de quién se trata porque, en realidad, lo que está haciendo es declararle su amor. Sí, tal vez no se atreve a hacerlo delante de usted o puede que usted esté tan inmerso en la esfera material de nuestro mundo que no se ha dado cuenta de que esa persona le ama realmente.

Si acaba de comprarse un par de zapatos, su subconsciente saca a la luz su inseguridad y su necesidad de protección. Con esa imagen, queda patente que usted se siente solo y busca ternura y comprensión en los demás.

Si en el sueño los zapatos le hacen daño y no le resultan cómodos, están reflejando alguna situación de su vida diaria que le incomoda. Analice qué le está ocurriendo, porque puede que su subconsciente le esté reprochando su falta de libertad de acción o de autoridad para imponer su criterio. En ese caso, no deje que los demás le avasallen con sus opiniones. Sea capaz de dar su punto de vista y de hacerse oír.

Si se ve andando descalzo, sin zapatos, puede simbolizar el miedo a verse sometido por las circunstancias a situaciones no deseadas. ¿Acaso hay alguien que intenta humillarle en público? No hay razón para tener miedo. Coja los zapatos y cálcese. Nadie puede arrebatárselos.

Soñar que tiene los zapatos puestos, pero sucios, puede significar sentimientos de culpabilidad y que su conciencia no está tranquila.

Si los zapatos le vienen grandes, es una señal de que tiene demasiadas cosas y no sabe aprovecharlas. Su apego por las cosas materiales es inmenso pero, en vez de intentar sacarles fruto, lo único que hace es ir amontonándolas. ¿Sabía que Imelda Marcos, quien fuera Primera Dama de Filipinas, posee más de tres mil pares de zapatos?

Soñar con rituales

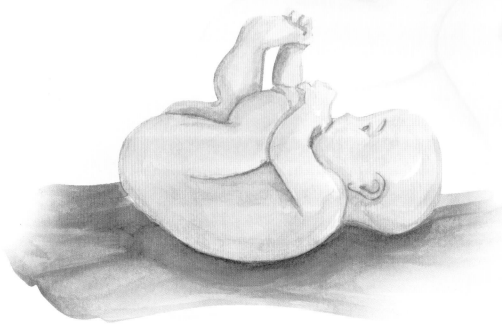

BAUTIZO. El símbolo del bautizo se relaciona con una etapa de renovación, marca una etapa que comienza, una actitud nueva hacia la vida o hacia otras personas. Al sumergirse en el agua y salir de ella, deja atrás los aspectos negativos y empieza una nueva vida.

Si sueña con su propio bautizo, es un anuncio de que puede recibir excelentes noticias. Si asiste a la ceremonia, significa que va a ver realizados sus deseos.

Si, además, lo hace como oficiante de la misma, quizá tenga que hacer de intermediario en un asunto amoroso y, quién sabe, tal vez llegue a un posible compromiso sentimental.

ENTIERRO. Aunque asistir al entierro de uno mismo suele producir una sensación bastante turbadora, el significado que se esconde detrás de este sueño no es tan nega-

tivo. Soñar con el entierro de uno mismo simboliza el punto final de una situación que se está viviendo en el mundo real. Quizá esté reprimiendo sus sentimientos, y el sueño le anuncia que debe aceptarlos, en lugar de empeñarse en enterrarlos e intentar olvidarlos. Es una invitación a alejarse del pasado y a mirar hacia el futuro.

Si sueña con el entierro de otra persona, indica que quiere enterrar algo del pasado o algún sentimiento negativo hacia ella. Si se trata de un entierro en abstracto, es el anuncio de que se va a producir un cambio radical en su vida.

Si sueña con que asiste al entierro de su padre o de su madre, que todavía viven, significa que necesita liberarse de las imposiciones a que le siguen sometiendo a pesar de su edad. Está buscando una independencia de la que no ha podido gozar hasta este momento por diversas circunstancias.

Si en su sueño ve a la persona a la que están enterrando, pero su rostro no le resulta conocido, indica que el peligro que le acechaba ha desaparecido.

EXAMEN. Los exámenes suelen ser causa de preocupación. Sueños de este tipo se dan por lo general en personas que han estudiado en su juventud. Normalmente, se sueña con exámenes que uno ya ha aprobado, aun-

que seguramente tuvimos que presentarnos varias veces para conseguir pasarlos. Y es esa sensación de tener que volver a hacerlos lo que nos produce tanta angustia.

Puede ser que no se sienta preparado ante un acontecimiento próximo o que le falte seguridad en sí mismo. Pueden ser

preocupaciones infundadas, en cuyo caso debe procurar tener mayor autoestima. Quizá el sueño le esté indicando que debería invertir más tiempo en la preparación de un trabajo o situación.

TABACO. Hablamos de tabaco, ya sea la planta, las hojas, en cigarros o en pipa. En cualquiera de sus formas, el tabaco constituye un placer para quien lo fuma. Y, aunque usted no sea fumador, puede verse fumando en el universo onírico.

Si es así, si se sueña fumando, el tabaco, y hasta su simple humo, simboliza el placer. Tal vez usted dirija su existencia a la búsqueda de sensaciones agradables, quizá sólo le importe conseguir lo que le gusta o complace. Puede que su vida sea una diversión tras otra.

En ese caso, la imagen debe servirle de advertencia, no porque deba cambiar de filosofía de vida. No debe hacerlo, si está contento consigo mismo. El placer no es peligroso ni nocivo.

Pero su subconsciente y la propia imagen del tabaco quieren advertirle de que el placer es efímero y pasajero. Puede que, cuando pase un tiempo, se dé cuenta de que su vida

es un enorme vacío en el que no puede contar con nadie porque a nadie ha querido realmente.

El humo del propio tabaco le envuelve y usted fuma casi extasiado. Piense en la advertencia.

Si sueña con hojas de tabaco secas, la imagen es, en este caso, anuncio de que sus negocios llegarán a buen fin en un futuro inmediato pero, si lo que le preocupa es el amor, puede que no tenga suerte en este terreno.

Si se ve fumando, la imagen también puede querer advertirle de la presencia a su alrededor de personas que quieren por todos los medios que usted sufra o que buscan su mal. Piense por un momento quién puede desearle degracias o quién puede tenerle envidia. Y no sea tan ingenuo. el enemigo puede estar entre sus amistades o sus seres más queridos.

No se vaya tan lejos para encontrarle, porque puede ocurrir que lo tenga ahí cerca, a su lado, y no se haya dado cuenta de ello.

El hombre y la diosa de la Fortuna

El hombre ha buscado la intervención de la fortuna desde el principio de los tiempos. Para invocarla, no ha dudado en realizar pinturas de carácter mágico, en mirar una y otra vez a las estrellas o en colgarse la imagen de un amuleto en cuya fuerza creía por encima de todo.

A lo largo de la Historia, han ido apareciendo disciplinas empeñadas en buscar el rastro de la fortuna, en un intento por detener y aprehender cuál va a ser su siguiente paso. Ahí está la cartomancia, la numerología, la quiromancia, el estudio de las cartas astrales, la adivinación con runas o caracoles, y un largo etcétera. Todas ellas, sin embargo, comparten el interés del hombre por el porvenir, como si el enterarse de lo que va a ocurrir en un futuro próximo le fuera a permitir cambiar el destino a su antojo y librarse de lo ya escrito y establecido. Y lo más curioso es que, cuando nos cuentan lo que va a pasarnos a nosotros o a los seres de nuestro entorno, negamos la evidencia y nos cuesta concederle crédito a la premonición.

Los sueños que recogemos en este capítulo tienen que ver con la fortuna y el azar. Aquí va a poder encontrar el significado de esa imagen que se le repite una y otra vez, y que le presenta a usted jugando una partida de naipes o de dados. Analizaremos el significado de cada uno de los palos de la baraja y el valor simbólico de cada naipe. En un paso más hacia delante, usted va a saber también qué le quiere decir su subconsciente cuando le presenta en una partida en la que, además, hace una apuesta con dinero o en aquella otra en la que sólo juega por mera diversión. Sabrá qué significa el hecho de perder o de ganar la partida. No olvide que muchos de los sueños que nos asaltan noche tras noche tienen idéntico poder premonitorio y de adivinación que los posos del café o el mismo tarot. Esas personas que juegan con usted a las cartas y que acaban ganándole pueden ser un adversario que espera en el mundo real a que usted se equivoque para «acabar» con usted.

Junto a los dados y los naipes, los sueños con el azar tienen mucho que ver con el arcano X del tarot: la rueda de la fortuna. Sus sueños con ella le harán caer en la cuenta de la inestabilidad de la suerte y de su carácter voluble y cambiante. Esta carta le indica el comienzo de un ciclo favorable. Independientemente de su talento natural, se abre un período feliz, pero no olvide que transitorio.

Para terminar, cabe el análisis de los números y de su significado. Cada vez que sueñe con ellos, usted podrá encontrarse con que en ese momento ha decidido adoptar una actitud diferente ante una situación determinada, y puede que su subconsciente le quiera recriminar que haya optado por ser el 9 en vez del número 1.

Soñar con el azar

DADOS. Los dados siempre están asociados a los juegos de azar. Por tanto, si aparecen en su sueño, debe dejar que sea la suerte la que resuelva una determinada situación, pues hay muchos aspectos en los que su intervención es decisiva. Lo mejor es que sea la suerte la que le busque a usted. No se empeñe en salir a su encuentro.

También puede dársele el significado contrario. ¿no estará dejando demasiados aspectos de su vida al arbitrio del destino?

NAIPES. Los naipes o cartas ponen ante nosotros las consecuencias que puede traernos el azar, si nos «jugamos» inconscientemente la vida. Como todo juego, implica riesgo, y puede tratarse de un aviso para que controlemos no sólo nuestros sentimientos, sino el devenir de los acontecimientos, y no los dejemos al capricho de la fortuna.

Las cartas son una de las formas más antiguas de predecir el futuro. Ellas mismas simbolizan la propia vida. Cada uno de los cuatro palos representa uno de los cuatro elementos fundamentales considerados como constitución de los cuerpos: tierra, agua, aire y fuego. Además, los cincuenta y dos naipes de la baraja coinciden con las semanas que tiene el año.

Por tanto, si en su sueño aparece la imagen de los naipes, deberá interpretar su significado a partir del palo o serie a la que pertenece la carta. si el naipe de su sueño es un basto, su subconsciente le está avisando de esos proyectos imposibles en los que malgasta el tiempo. Debe poner los pies sobre la tierra y marcarse unos objetivos que le aporten cierto beneficio y que tengan al menos visos de ser alcanzables.

Si la carta es una copa, la imagen prevé que en un futuro próximo pueda recibir una proposición amorosa. Tal vez no haya nadie que se le quiera declarar y, en ese caso, la copa sólo anuncia el papel destacado que van a desempeñar sus relaciones sentimentales. Pero, una vez más, no deje que el azar lleve la voz cantante. Sea usted quien gobierne el devenir de su vida.

Si la carta es una espada, el arma puede estar avisándole de un período de fracasos diversos e, incluso, de desgracias. Por otro lado, puede ser también una invitación a que sea usted, y no el azar, quien se decida a actuar. De ser así, deje que sea la razón y no sus instintos más primarios la que le dicte lo que debe hacer.

Por último, si el naipe es un oro, el metal amarillo le anuncia el éxito de sus negocios, una serie de logros profesionales o dinero en movimiento. Pero recuerde que

sólo se trata del azar y que la fortuna es una rueda muy cambiante.

Una vez precisado el significado que puede tener el naipe en sí, en cuanto perteneciente a un palo u otro, debe saber que soñarse jugando dinero a los naipes es un aviso de que está corriendo un riesgo desmedido

que no tiene justificación alguna. Los juegos de azar están ideados por el hombre, y las cartas sólo le traerán pérdidas y problemas.

Si sueña que está jugando una partida de cartas, pero sin apuestas ni dinero de por medio, la partida se convierte en un escenario más en el que usted despliega la sociabilidad de su carácter y amplía sus relaciones sociales.

Si en el sueño pierde jugando a las cartas, la imagen le previene de sus enemigos o adversarios. Míreles a la cara. Están esperando la oportunidad para atacarle, aunque usted piense que los tiene por amigos.

Si la persona a la que ama es la que juega una partida de cartas, desconfíe de ella. No es la relación que le conviene, si es que está buscando una pareja estable, pues sólo busca divertirse.

RUEDA. La rueda es un símbolo universal muy extendido y empleado por las más variadas culturas y tradiciones religiosas. Expresa tanto el movimiento como la inmovilidad.

Como representación del cosmos, simboliza los ciclos, las repeticiones, pero también el eterno retorno y la búsqueda del centro.

Como sinónimo de cambio, la rueda manifiesta en su sueño la mutabilidad de los acontecimientos. Seguramente, usted está pasando por un momento de suerte y vive sumido en la felicidad. Todo es éxito, intuición para los negocios, ganancias en el juego, logros. Pero la rueda le avisa de que todas esas ventajas son momentáneas. En cualquier momento, la fortuna puede apartarse de su camino y llevarle a la situación anterior.

La décima carta del Tarot presenta una rueda en perpetuo movimiento, al igual que la vida, porque la Rueda de la Fortuna es la carta del destino. Una manivela pone en marcha la rueda imponiéndole un movimiento rápido, pero este ritmo va haciéndose cada vez más lento hasta detenerse por completo.

Dos extrañas criaturas se aferran a la rueda. A la izquierda, en posición descendente, un cuerpo de apariencia humana, con cola

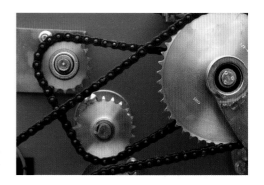

y garras semejantes a las de un simio, representa a Tifón, monstruo mitológico que simboliza la violenta fuerza de la perversión. A la derecha, en posición ascendente, una figura, con cabeza de perro y cola anudada, representa a Anubis, genio del bien. En la parte superior de la rueda y en equilibrio, aparece una esfinge enigmática e impasible, vestida de rojo y verde, que lleva en la cabeza una corona y empuña una espada, símbolo del destino, siempre dispuesto a herir.

Si es así como vive la imagen de la rueda en su sueño, su subconsciente le está haciendo reflexionar sobre el carácter breve y efí-mero de la existencia humana. Puede que esté viviendo demasiado rápido y no se esté dando cuenta. Su subconsciente le está amonestando para que mantenga el equilibrio en su vida. La rueda dispensa alegrías y penurias, vida y muerte; es eternidad y progreso hacia lo nuevo. La Rueda de la Fortuna es la propia vida.

Si junto a la rueda aparece la figura de la emperatriz, el sueño le avisa de que en su vida va a aparecer una mujer importante que jugará un papel decisivo en su destino.

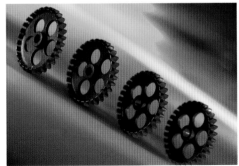

Soñar con números

NÚMEROS. Es difícil que sueñe con un número en abstracto, pero puede que se vea como número uno de un grupo de personas o con el número nueve en la espalda de la camiseta en un partido de fútbol. De ser así, el dígito en cuestión le está proporcionando una información adicional sobre su personalidad. Puede ser también que su subconsciente le esté avisando de una nueva postura a adoptar ante las situaciones que surgen.

UNO. Usted es una persona individualista. Su carácter independiente le lleva muchas veces a erigirse como líder de su grupo de amigos o en el trabajo.

Si no fuera así, sino todo lo contrario, su subconsciente le está invitando a ser usted quien dé el primer paso para empezar un nuevo proyecto o una nueva relación. No debe esperar a que el otro se lo proponga y tome la iniciativa.

DOS. Usted suele erigirse como árbitro de las contiendas o de las peleas entre sus amigos. En su carácter destaca cierto aire pacificador y diplomático. Prefiere estar a la sombra del número uno, en vez de destacar; y servirle de apoyo. No le gusta ser el líder; siempre que puede, lo intenta evitar.

El sueño puede estar también avisándole de su actitud egoísta para con los demás. Es una invitación a que renuncie a sí mismo y a que se abra compartiendo con los allegados todo lo que tiene.

TRES. Es, por excelencia, el número del talento. Usted es una persona de mente rápida, ágil y con una enorme capacidad de decisión. Al mismo tiempo, le encanta disfrutar

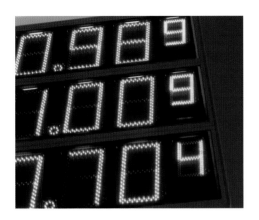

Esta imagen onírica es una sugerencia a que no se quede anclado en las tradiciones y mire siempre hacia el futuro. No porque realice algún cambio en la monotonía de su vida, le van a tachar de reaccionario. Tal vez comience un período de sacrificios para usted y para quienes le rodean.

de los placeres de la vida y tiene un carácter muy optimista y alegre.

CUATRO. Siempre tiene los pies sobre la tierra y, por eso, le encanta la disciplina y el orden. Detesta a esos seres que lo dejan todo por medio y que pueden vivir rodeados de cosas sin saber dónde tienen ninguna.

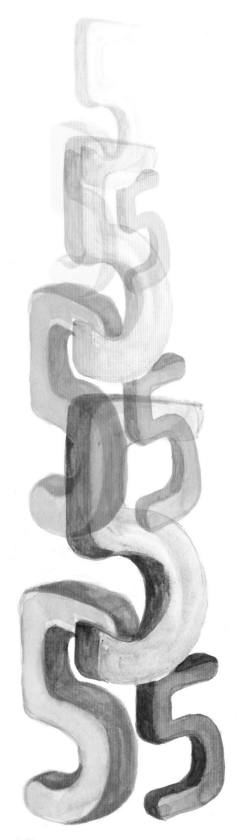

Al simbolizar el principio de la vida y la muerte, el cuatro le anuncia un período de éxito y abundancia en todos los aspectos de su existencia.

CINCO. Usted tiene un espíritu aventurero. No hay nada que le ate ni le robe su libertad. Siente una enorme curiosidad por todo lo nuevo y quiere intentarlo todo al menos una vez en la vida.

Sin embargo, corre el riesgo de convertirse en un coleccionista de emociones. Trate de ir más allá y no se quede simplemente en el primer intento.

SEIS. Usted es el paladín de la justicia, el defensor de los pobres y de todos los desamparados. Este número simboliza a todas aquellas personas que lo dan todo de forma altruista.

SIETE. Intelectual y pensador. No hay cuestión que se le resista. Su espíritu no se da por

vencido hasta que no encuentra la respuesta exacta. Siempre intenta ir más allá y no quedarse en la superficie de las cosas. Su subconsciente puede estar avisándole de su exceso de perfeccionismo, que puede llegar a aislarle del resto del mundo.

OCHO. Más interesado por las cosas materiales que por la parte espiritual, el ocho le aconseja que busque el equilibrio. Si no lo hace, la gente le tachará de materialista, y no encontrará a nadie cuando pida ayuda.

NUEVE. En usted todo es amor. Su carácter es desprendido. Nada le ata a las cosas materiales y terrenales. El nueve es el número de los logros. Es el momento de intentar llevar a cabo esos nuevos proyectos.

CERO. Soñar con él sugiere falta de seguridad. Usted cree que no cuenta para nadie y que nadie piensa en cómo puede sentirse. Es un cero a la izquierda para el resto de la humanidad. Trate de ser más positivo, pero sea usted quien dé el primer paso. Deje de autoflagelarse y de autocompadecerse.

El hombre y el sueño de la destrucción

El hombre vive en un mundo donde, a menudo, se siente amenazado. Sus enemigos pueden ser otros hombres, pero también una serie de circunstancias que se le presentan como adversas y ante las que tiene que defenderse.

Esta amenaza tiene su correlato en el mundo de los sueños. En ellos, y aunque le resulte chocante, porque usted mismo se autodefine como una persona pacifista, puede encontrarse blandiendo un arma o utilizando un veneno para tratar de acabar con la vida de otras personas. La destrucción se ha cernido sobre usted, y toda su agresividad interna se manifiesta ahora mediante estos símbolos de poder o de triunfo de sus instintos más primarios.

Pero la destrucción no sólo surge de su mundo hacia fuera. También puede soñar con catástrofes, producto de un accidente premeditado, como en el caso de un incendio, o de la acción de la propia Naturaleza, que, olvidada por el hombre moderno, despierta y muestra su cólera. Es a la Naturaleza a la que su subconsciente recurre para mostrarle que vive a un ritmo que ha acabado por romper con su equilibrio y estabilidad.

Entonces, asistirá perplejo a la fuerza y violencia de un enorme terremoto. Será en estas páginas donde encuentre el significado de éste y otros sueños premonitorios que se le presentan como aviso y sugerencia de que debe dar un nuevo rumbo a su vida.

La destrucción, que se cierne sobre usted como una amenaza, le va a hacer enfrentarse también a toda una serie de acciones aparentemente negativas. Se verá en sueños asistiendo a un asesinato o huyendo de una fuerza desconocida ante la que usted se siente perseguido. Todos sus temores y miedos se van a dar cita en este apartado. Se trata de imágenes un tanto agresivas y violentas que, con toda seguridad, le harán despertarse sobresaltado y con la necesidad de descubrir que lo vivido no era más que un sueño.

Junto a estas imágenes destructivas, hemos contrapuesto otras a modo de salida de esta espiral de destrucción y, por ello, se verá escalando una enorme montaña o con la sensación de sentirse pájaro cuando se vea sobrevolando un mundo que se le ha quedado pequeño.

Por último, su subconsciente le va a hacer enfrentarse también a sueños con conceptos abstractos, como la muerte, que han atemorizado y acompañado al hombre desde el principio de los tiempos. Pero no debe quedarse con la sensación de que sólo existen sueños negativos. Este apartado sólo pretende presentarle una faceta de las muchas del universo onírico, que no deja de ser también una faceta de nuestras propias vidas.

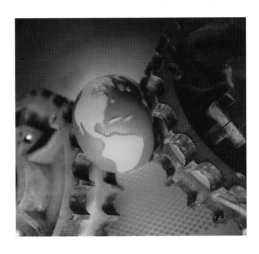

Soñar con acciones o su efecto

El propio coche es símbolo de nosotros mismos.

ASESINATO. Soñar que mata a alguien significa que intenta acabar con una forma de actuar o de pensar que no le gusta. Cuando la muerte aparece en nuestros sueños, éstos quieren advertirnos de la necesidad de renovarnos. Si un asesino le mata a usted,

ACCIDENTE. Puede que sea usted la víctima del accidente. Al margen del tipo de medio de transporte, ya sea un accidente de coche, tren o avión, su mente le está diciendo que viva más despacio. Puede que sus juicios sean demasiado precipitados o sus actos desmedidos. Si el accidente es de barco, el sueño le está advirtiendo de engaño y falta de sinceridad en sus relaciones.

Cuando es un conocido el que muere en un accidente de coche, hable con él e intente recuperar esa relación en la vida real.

puede que no «haya matado» lo que debía borrar de su personalidad.

CAÍDA. Este tipo de sueños suele acabar con un despertar brusco y angustioso. Indica que estamos obrando de una forma equivocada y que, tarde o temprano, tendremos que poner los pies en la tierra y enfrentarnos a la realidad. En el fondo, un sueño de este tipo muestra la oportunidad de superar un problema. Si caemos por un abismo que parece no tener fin, la imagen nos anuncia que es el momento de decidirnos ante determinadas situaciones, elegir y actuar sin vacilaciones.

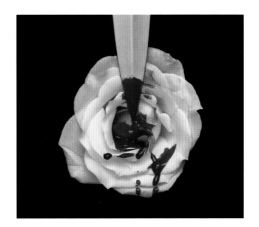

HUIDA. Muchas personas sueñan con que les está persiguiendo una jauría de perros, un toro, un rinoceronte u otra persona. El animal o ser que nos persigue suele representar un aspecto «temible» de nuestra personalidad que se nos mantiene oculta a nosotros mismos y que no reconocemos como propia. Quizá sea el momento de analizar su propio yo, y de identificar y asumir ese rasgo siniestro.

El sueño puede estar anunciándole que ha llegado la hora de afrontar ineludiblemente ese destino que tanto miedo le provoca, aunque no se sienta dispuesto a ello y se niegue a aceptarlo.

Si sueña con que el animal del que huye le atrapa, quiere decir que va a tardar y le va a costar mucho esfuerzo asumirlo. Si logra escapar, está preparado para afrontar un nuevo camino en su vida.

Y si es usted el que persigue a otro, tal vez en la vida real no se le esté otorgando toda la autoridad o credibilidad que usted desearía.

LLORAR. El llanto de un ser humano siempre, salvo en aquellos casos en que se llora de alegría, evidencia un sentimiento de tristeza, y así ocurre también en los sueños.

Esta imagen debe ser entendida como una señal de alerta. Es nuestro subconsciente el que saca a la luz nuestros sentimientos de angustia, descontento o aquellas emociones negativas que nos invaden en nuestra vida real. Pero no debe dejarse angustiar por

esta imagen: aproveche el aviso que le hace su mente para recuperar el equilibrio emocional perdido. Quizá llorar en sueños le sirva de vía de escape.

Si se ve llorando y nadie le escucha ni se acerca a consolarle, el sueño pone delante de usted una clara dificultad de comunicación en la vida real. Intente abrirse a los demás y dar lo mejor de sí.

NAUFRAGIO. La presencia en su sueño de una nave o embarcación a la deriva que se pierde o hunde en el mar sólo quiere hacerle ver que está atravesando por una etapa de desequilibrio emocional. La situación de la

nave es fiel reflejo del momento de confusión por el que pasa y de la zozobra en la que se mueven sus proyectos y emociones.

En ese caso, deténgase a analizar la situación y serénese. ¿Se siente solo?, ¿acaso hay alguien por quien se está dejando llevar?

OPERACIÓN. ¿Quién no se ha visto alguna vez en sueños, cuando están a punto de operarle, salir corriendo, presa del pánico? Como variante, hay quien se levanta de la mesa de operaciones, convencido de que está curado. En ambos casos pero, de forma opuesta, se trata de una cuestión de confianza en nosotros mismos.

En el primer ejemplo, salimos corriendo porque somos incapaces de controlar esa situación que tanto nos preocupa y oprime. Tal vez el propio hecho de vernos salir despavoridos nos haga reflexionar y buscar una forma de acrecentar nuestra autoestima.

Si, por el contrario, nos levantamos seguros de no padecer enfermedad alguna, la

imagen representa que tenemos confianza en encontrar una solución a ese problema que tantos quebraderos de cabeza nos está dando.

No obstante, juega también un papel fundamental el órgano del que vamos a ser operados. Si es del corazón, el sueño es una clara advertencia de que debemos abandonar ese amor por el que tanto estamos luchando, aunque nos suponga una renuncia dolorosa.

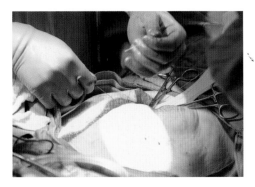

Si le operan del estómago, analice los acontecimientos que le han ocurrido últimamente, pues hay alguno que no ha sabido digerir y que puede ser origen de muchos problemas.

PERSECUCIÓN. ¿Para qué vamos a engañarnos? Si hay algo o alguien que nos persigue, es porque quiere conseguir que suframos o porque quiere hacernos daño. Pero fíjese bien. su perseguidor no tiene rostro, nunca va a verle. La imagen que siempre tendrá presente es la de usted corriendo sin parar, angustiado, mirando una y otra vez hacia atrás. Pero, entonces, ¿qué es lo que le produce tanto miedo?, ¿por qué corre? Intente analizarlo.

El sueño es una pista clara: usted vive anclado al pasado, pendiente de relaciones o miedos que vienen de

atrás, y es eso lo que le persigue. Esos miedos pueden retrotraerse incluso hasta su infancia o adolescencia, y ahora lo vive como un sentimiento de culpa que está a punto de atraparle. Y lo peor es que son esos temores los que le impiden seguir adelante. Tiene un conflicto pendiente que ha de tratar de resolver. Así que, párese. Deje de correr. No hay nada ni nadie persiguiéndole. Son sus miedos. Piense qué parte de su pasado le inquieta hasta ese punto e intente resolverlo.

Puede ocurrir también que sea usted el que corre tras algo. Pero el sueño presenta su anhelo como un ideal imposible.

RAPTO. A lo largo de la mitología, son muchos y diversos los personajes protagonistas de un rapto, desde dioses olímpicos, divinidades menores, gigantes, ninfas, sátiros, centauros, héroes a seres mortales. El propio hecho del rapto aparece en las socieda-

griega, ella profería algunos gritos y fingía resistencia. La propia acción del rapto y de la boda se carga de simbolismo y pasa a compararse con el tránsito de la vida a la muerte o a otra vida. Rapto, matrimonio y muerte son tres momentos con elementos comunes.

En todos ellos se produce un cambio de una vida a otra. Un claro ejemplo de esta identificación la encontramos en el hecho de que la joven que moría sin haberse casado era ataviada como para su boda, en la creencia de que celebraría sus nupcias en el infierno.

Si en su sueño usted es objeto de un rapto, la imagen le trae a su subconsciente esa situación difícil y desagradable en la que se

des primitivas como símbolo de la expresión de los instintos más primarios, y la única diferencia entre unos y otros se cifraba en la sorpresa, astucia, violencia o pasión con que se llevaba a cabo.

El rapto de la mujer simboliza el papel inferior que ésta ha desempeñado en la sociedad a lo largo de tantos siglos y que aún perdura en algunas culturas. Hasta hace bien poco, en el sur de España se mantuvo la costumbre de raptar a la novia días antes de celebrarse la boda, reflejo del matrimonio por rapto que se celebraba especialmente en Esparta.

Los novios desaparecían del pueblo o ciudad y regresaban unos días después para iniciar su vida de casados tras una discreta ceremonia. Secuela también de ese rapto primitivo está la costumbre del novio de atravesar el umbral de la puerta con la joven desposada en brazos. En la costumbre

encuentra. Además, le está reprochando que apenas haga nada por salir de ella. Intente arreglar el problema.

BARRER. La acción de barrer supone quitar del suelo con la escoba el polvo o la basura. Pero son muchas las motivaciones que pueden llevarnos a barrer en los sueños.

Partamos del hecho de que barrer es sinónimo de limpieza. Si sueña con que está barriendo, tal vez lo haga para eliminar de la vista todo lo que le resulta desagradable. Pero, en esta ocasión, no estamos hablando ni de polvo ni de basura ni de nada parecido. Su subconsciente le sugiere que mire hacia su propio yo, hacia su interior, y destierre de él todo lo que no le gusta. Quizá se trate de un comportamiento determinado o de una compañía que sólo está con usted por el in-

terés. Mírese detenidamente y, por un momento, analice qué hay en usted que le gustaría cambiar.

En este mismo sentido, puede ocurrir que barra en el sueño para borrar todo aquello que no les gusta a los demás de usted. Se ha dado cuenta de que desea agradar a los demás. Está haciendo un esfuerzo por complacer ya sea a sus jefes, a sus compañeros de trabajo o amigos.

Pero tenga cuidado: no hay nada de malo en querer contentar a quienes nos rodean, pero de lo que se está privando es de detalles y rasgos que conforman su propia identidad. Niéguese a renunciar a todo aquello que, aunque no muy popular, constituye su ser más íntimo.

Puede que el hecho de barrer en su sueño responda a toda una serie de críticas que ha recibido últimamente. Barre porque se niega a tener que pasar vergüenza por lo que los demás puedan decir de usted. Pero, una vez más, le recordamos que no tiene por qué llevárselo todo.

Si en el sueño le critican por no haber barrido convenientemente el piso donde vive, la imagen le avisa de posibles disgustos y rencillas en su familia. Seguramente, no deba concederles la menor importancia, porque estarán causadas por pequeñeces y cosas insignificantes.

Si el piso que barre en el sueño se ve extremadamente sucio y pobre, incluso, mucho más pobre que el suyo en la vida real, su subconsciente se rebela ante la forma de vida un tanto miserable que lleva. Le está reprochando que no sea capaz de vivir mejor o de gastarse un poco más en usted mismo. No se trata de lujos. Debe anhelar un cambio hacia mejor.

ESCALAR. La propia acción de escalar, en cuanto sugiere trepar por una gran pendiente o a gran altura, simboliza todos aquellos obstáculos que se nos presentan en la vida diaria. El significado del sueño dependerá de si alcanzamos o no la cima y de lo difícil que nos resulte llegar a ella. Si sueña que es escalador y sube tramos complicados y arriesgados pero, al final, logra alcanzar la cima, no tiene nada que temer. La imagen sugiere su gran capacidad para superar los obstáculos que se le presenten y un éxito próximo. Cuanto más arriba llegue en el sueño, mayores serán las posibilidades de éxito.

Si, por el contrario, no consigue llegar a lo más alto, a pesar del esfuerzo realizado, indica que no logrará alcanzar sus objetivos y, además, que los riesgos que va a correr para su consecución serán desmedidos.

Soñar que, al ir subiendo, se desploma al vacío, le avisa de que no hay ninguna posibilidad de éxito. Cuanto mayor sea la altura desde la que cae, mayor serán los contratiempos con los que se encuentre.

VOLAR. ¿Quién no se ha despertado alguna vez con la sensación de haber volado por encima de las montañas y del mar? Y, sin embargo, la sensación que nos invade es de una serenidad absoluta.

Lo que nos lleva a elevarnos por los aires es nuestro deseo de libertad y esa necesidad tan nuestra de descubrir nuevos mundos y de hacer cosas nuevas. Con toda seguridad, su subsconsciente le está reclamando nuevas experiencias y, por qué no, que abra su mundo a nuevos horizontes y

Si, a la hora de escalar, se ve agotado y asfixiado por la subida, el sueño le hace ver que está asumiendo más responsabilidades de las que debiera. Éstas suponen demasiado peso para llegar hasta tan arriba.

nuevas relaciones. Para todos es más sencillo quedarnos en nuestro círculo de amigos y vivir siempre en la seguridad que nos ofrece nuestro mundo, pero ese anhelo de volar que se le muestra en sueños es fiel reflejo de lo encerrado que se siente su mundo interior y de las ansias que tiene por ver cosa nuevas. No le niegue algo tan sencillo porque, en realidad, se lo estará negando a sí mismo. Pero tenga cuidado. Recuerde la historia de Ícaro, a quien su padre, Dédalo, le fabricó unas alas para escapar del laberinto de Minos. Dédalo las sujetó con cera a los hombros de Ícaro y, luego, a los suyos, e iniciaron el vuelo que les devolvería la libertad. El padre ya había advertido a su joven e imprudente hijo de que no volara ni demasiado alto ni demasiado bajo. A pesar de tales advertencias, Ícaro, fascinado por lo maravilloso del vuelo, se elevó por los aires y desobedeció a Dédalo, quien no pudo impedírselo. Ícaro se sintió dueño del mundo y quiso

ir más alto todavía. Al acercarse demasiado al sol, el calor derritió la cera que sostenía las alas, y el temerario joven acabó precipitándose al mar, donde murió. Éste es el único riesgo que debe afrontar si se decide a volar demasiado alto, a llegar a la cima de sus proyectos.

Puede también que este tipo de sueños sea reflejo de su desprendimiento y desinterés hacia lo material de este mundo. Es tal su desapego que el vuelo sólo es expresión de su falta de arraigo por las cosas materiales.

Soñar con armas

ESPADA. Esta arma, aguda y cortante, es representación del poder que uno posee, pero también se asocia a ideas radicales y pensamientos extremistas.

Si en su sueño se ve como espadachín en una lucha encarnizada, contra quien realmente se está enfrentando es contra esos proyectos que se ha trazado como objetivo. Realmente, lucha con las dificultades que se le ponen delante, por muy incongruentes que parezcan sus proyectos. Usted luchará como lo está haciendo en el sueño, contra viento y marea, y no atenderá a ni una sola palabra con la que quieran aconsejarle. El enfrentamiento puede acabar en derrota e, incluso, si triunfa, el éxito puede ser efímero.

Si no blande la espada, sino que la lleva ceñida a la cintura, su subconsciente le está avisando de esa actitud tan suya de no tomar ninguna decisión y de aplazarlo todo para mañana.

HACHA. El hacha es un arma cortante que, además de para cortar leña, se empleaba para desarmar al enemigo.

Un hacha en su sueño representa toda la agresividad que usted lleva dentro y que se exterioriza de esta forma.

Si sueña con un hacha manchada de sangre, es su subconsciente quien le está haciendo un anuncio un tanto funesto: su carácter y su conducta irascible le van a crear más de un problema del que quizá no pueda salir y acabe arrepintiéndose. Así que, controle sus instintos. De nada vale que viva encolerizado y continuamente enojado.

La imagen del hacha puede simbolizar también un encuentro con una persona que va a crear conflictos en su entorno familiar y va a provocar serias disputas entre usted y sus hermanos o con sus padres. Esté atento y no permita que nadie altere esa conviven-

cia pacífica que usted tanto ha intentado preservar.

Como símbolo de poder y autoridad, es posible que el hacha le advierta de que su comportamiento ante una u otra postura está siendo demasiado tajante. No está permitiendo que nadie dé su opinión ni cuente como un nuevo punto de vista.

Como tal, un hacha puede quererle anunciar que va a conseguir «desarmar» a esa persona que tanto se empeña en vivir en continua disputa con usted. No se desanime, porque la fuerza la tiene usted. Por último, un hacha, en cuanto arma, puede servirnos para cortar por lo sano, para remediar ese conflicto que tanto nos preocupa, zanjar esos inconvenientes y dificultades que nos salen continuamente al paso e, incluso, para acabar con esa relación que tanto daño nos está haciendo.

VENENO. Quien recurre al veneno lo hace para ocasionar la muerte de la víctima o para causarle graves trastornos. Todo dependerá de si es usted u otra persona la que, en sueños, desea provocar ese mal.

Si es usted quien trata de envenenar a alguien en el sueño, su subconsciente le sugiere que aclare cualquier malentendido que tenga con la supuesta víctima. Ella puede ser, incluso, su pareja. Y la imagen se lo presenta así, de forma tan cruda, para que intente resolver las desavenencias que les separan pues, de no ser así, puede desembocar en una situación sin salida.

Puede ser también que en la vida real usted esté juzgando mal a alguien, a sabiendas o no, y esté ensuciando su buen nombre y causándole todo tipo de prejuicios. La imagen le acusa también de este tipo de conducta.

Si son otras las personas que intentan envenenarle, tenga cuidado. Se ha pasado la vida confiando en la gente que le rodea y, ahora, de repente, a través de un sueño, se da cuenta de hasta dónde son capaces de llegar. Piense que lo único que buscan, por mucho que le cueste admitirlo, es hacerle daño.

Soñar con catástrofes naturales

INCENDIO. El fuego, pese a ser símbolo de pasión, representa los valores de la destrucción. Por tanto, si lo que se incendia es su propia casa o una de sus pertenencias, el sueño le está avisando de que ese asunto en el que está invirtiendo todas sus energías acabará con usted. Centre su atención en temas con más futuro.

Si el incendio se desata en el monte, la imagen quiere representar un posible conflicto con una persona que ejerce cierta autoridad sobre usted, ya sea en el terreno laboral, personal o familiar. Puede que esté pasando por un momento de crisis o que deba aplacar su temperamento, de por sí algo agresivo. Por último, si consigue apagar el incendio, el sueño le está anunciando que, con toda seguridad, podrá culminar con éxito todo aquel proyecto o meta que se haya marcado.

TERREMOTO. Tras todo desastre natural se produce un proceso de regeneración y de vuelta a la normalidad. Por tanto, si sueña con que se declara un terremoto violento, esa sacudida va a tener su correlato en su propia vida. De un momento a otro, va a producirse un cambio brusco que va a romper su equilibrio emocional, profesional y sentimental. El terremoto va a hacer que esos firmes valores en los que nos apoyábamos hasta ahora se desmoronen y nos sintamos inseguros hacia todo lo que ocurre en el mundo exterior. Reflexione sobre cuál puede ser el detonante, qué acontecimiento puede trastocar de tal forma su vida. Lo cierto es que en un breve espacio de tiempo va a tener que enfrentarse a una situación totalmente diferente a la que está viviendo ahora.

La imagen del terremoto puede ser también una advertencia. Su subconsciente le está aconsejando que cambie de ritmo de vida. No puede seguir así. Está poniendo en peligro su salud, y será más adelante cuando todos estos excesos le pasen factura.

Tal vez lo que ocurre es que usted no ha cumplido con sus deberes o ha olvidado sus promesas o no ha correspondido con las expectativas que los demás se habían hecho de usted. En ese caso, es su mente la que provoca el terremoto. Está evocando un escenario de destrucción para no tener que dar la cara, pues es usted el que ha fallado.

Soñar con conceptos

INMOVILIDAD. Nada más angustioso que sentir que no nos podemos mover. Sin embargo, un sueño como éste nos está advirtiendo de que no debemos quedarnos estancados en la vida real. Ante todo, serénese y analice a qué puede hacer referencia. Quizá las dificultades son sólo de comunicación, y el sueño le esté avisando de que debería abrirse y mostrar sus sentimientos.

MUERTE. Aunque la muerte es el fin absoluto de algo positivo y vivo, el aspecto perecedero de la existencia, también es el camino de acceso a una vida nueva. Como tal, abre una vía al reino del espíritu, a la vida verda-

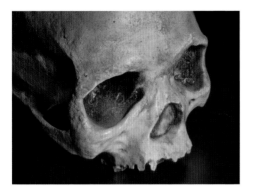

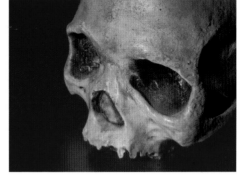

dera: *mors janua vitae,* la muerte, puerta de la vida. Y es así como debe entenderse cualquier sueño relacionado con ella.

Si sueña con su propia muerte, no tema. Esta imagen le está anunciando que se van a producir cambios radicales en su vida. Usted, algunos rasgos de su personalidad, deben morir para renacer a una vida superior. Si no muere en el estado de imperfección actual, le estará vedado todo progreso futuro. Es una forma de purificarse. Este mismo concepto es el que aparece en la decimotercera lámina del tarot, con la muerte en su sentido de renovación y renacimiento.

Lo mismo sucede si sueña con la muerte de un ser querido. Su subconsciente le está invitando a iniciar una nueva etapa en su relación con esa persona. El sueño es un mero anuncio de que hay algo que debe cambiar. No sufra, porque no va a perderle. Nunca debe entender el sueño como una muerte física.

Si soñamos con una persona que ya ha fallecido, el sueño nos está brindando la oportunidad de despedirnos de él en un último encuentro. Nuestra mente no ha conseguido asumir la pérdida y recrea un nuevo momento para la despedida.

OSCURIDAD. La oscuridad y, por su proximidad, el color negro, se relaciona con la idea del mal porque evoca la ignorancia del ser humano, pero nada más sencillo para salir de esa ignorancia que reconocer que estamos dentro de ella.

En la misma línea, la oscuridad se relaciona con el negro de los orígenes (el de los agujeros negros de la astrofísica), y no es de

extrañar que, para el análisis psicológico, evoque el caos.

Cuando en los sueños aparecen animales o personajes negros u oscuros, se entiende que están saliendo a la luz nuestros instintos más primarios, cuyas fuerzas debemos canalizar hacia metas más elevadas.

Si es usted quien está perdido en la oscuridad en el sueño, no se angustie. Asuma que es ése el estado en que se encuentra su alma, y luche por buscar la luz.

Puede que la oscuridad sólo represente un estado de desorientación y, como hemos mencionado, de caos. Pero mírelo desde el lado positivo: es la etapa de desequilibrio previa a todo descubrimiento. Tras esa oscuridad momentánea se hará la luz. Si sueña que, de repente, el día oscurece, puede ser anuncio de un fracaso, tanto en el terreno laboral como sentimental. Pero, si aun así, se siente seguro, si la oscuridad no llega a ate-

morizarle, es un claro indicio de que prefiere no saber la verdad de ciertas cosas que ocurren a su alrededor y se conforma con vivir en la ignorancia: un estado de inconsciencia que valora como prioritario.

Lo oscuro es también lo desconocido, lo que está reprimido. Tal vez su subconsciente ha teñido de negro su sueño o le hace vagar en la oscuridad de la noche para que en la vida real saque a la luz todas aquellas emociones o rasgos de su personalidad que usted tanto se empeña en reprimir y en ocultar.

Quizá sea una forma de aconsejarle que debe aceptarse a usted mismo tal y como es. Deje de pensar si su forma de ser gustará o no a quienes le rodean. Líbrese de tanto prejuicio, y aprenda a mostrarse sin ningún tipo de cortapisa.

En la oscuridad es también donde se esconden nuestros miedos. ¿Cuántas veces, aun sabiendo que no había nadie en esa habitación o calle oscura, le ha invadido el miedo? Su subconsciente está haciendo que se enfrente a la oscuridad en sueños para poder liberarse de esos temores que le persiguen desde hace tanto tiempo. No se le ocurra correr en la oscuridad. No intente siquiera escapar de ella. Además, si enciende una vela en la noche onírica, se dará cuenta de que aparecerá una sombra. Mientras luche por la luz, mayor será la sombra que crezca detrás de usted. Afronte la oscuridad, y conseguirá vencer sus miedos.

El hombre y el sueño de un nuevo mundo

¿Quién no ha soñado alguna vez con cambiar de vida y conocer mundos nuevos? Los sueños de este apartado son una clara invitación a iniciar un viaje simbólico. Cuando su subconsciente le haga esta propuesta, y usted se vea cargado de maletas, piense que, de alguna forma, debe cambiar de rumbo. Hay algo en su vida diaria que debe dejar atrás. Ya no se trata de un viaje en el sentido literal del término, sino en la búsqueda de un nuevo destino o de nuevos horizontes.

Una vez que se haya decidido a realizar el viaje, párese un momento a pensar qué llevará en las maletas. Seguramente, usted se empeñará en meterlo todo dentro, sin darse cuenta de que hay cosas que no le van a hacer falta o que ya no usa. Cuanto más cargado vaya en este viaje, más le costará andar de un lado para otro y más tendrá que detenerse para descansar del peso. Recuerde que no se trata de un viaje de placer, sino de otro tipo de viaje. En esas maletas van todas sus experiencias, miedos y recuerdos del pasado, y muchos de ellos no le

van a servir de nada en esta nueva etapa que tiene por delante. No quiera llevárselo todo. Antes de hacer el equipaje póngase delante de su pasado y elija cuál de esas cosas necesita para seguir adelante. Recuerde que ese viaje que usted tanto anhela es una vida nueva, llena de experiencias y allí no puede ir con tanto lastre.

El viaje podrá realizarlo en barco, en coche o en tren. Sea previsor y mire el estado del agua. No es lo mismo viajar en aguas tranquilas que en plena tormenta. No permita que el tren se le escape ni se quede contemplando cómo el barco se aleja hacia alta mar. Éste es su viaje, y quizá nunca más vaya a encontrar ni se le vaya a presentar una oportunidad como ésta. Mire también si el medio de transporte elegido para el viaje está atiborrado de gente. Si fuera así, no dude en esperar al próximo.

Además del viaje, tal vez su subconsciente le esté invitando también a disfrutar de momentos de ocio, en los que usted se verá en una fiesta con baile o rodeado de globos. Ésta es la imagen del sueño, pero su significado va mucho más allá.

Puede que también se vea disfrazado en un baile de máscaras en un acto de transgresión que le permita quitarse su traje real. No se niegue a disfrutar de estos momentos, pero esté siempre alerta e intente conocer a través de estas páginas cuál es el significado de tantas experiencias nuevas.

Soñar con el ocio

BAILE. Si sueña como mero espectador de una fiesta donde los invitados bailan, la imagen le indica que debe vivir cada momento de forma más intensa, sin mantenerse tanto al margen.

Si está pasando por un momento de crisis o tiene un problema de salud y baila alegremente, significa que la situación va a mejorar y que se está recuperando.

DISFRAZ. En las fiestas de máscaras, todos los invitados al baile parecen haber elegido cuidadosamente su disfraz y, al menos por una noche, son aquello que siempre han querido ser.

Soñar con que lleva un disfraz le está haciendo reconocer mediante una imagen que

se ha librado del disfraz cotidiano. Eso le va a hacerse plantear cuál de los dos es su verdadero disfraz, si la máscara o el traje de chaqueta y la corbata que lleva todos los días al trabajo. Usted ha decidido en el sueño adoptar un aspecto que, a un tiempo, seduce y trasgrede la realidad diaria. Lo que ha hecho es fabricarse su propio personaje. Y bajo la máscara se permiten todos los excesos que en el mundo real parecen estar prohibidos. Es ahí donde van a salir a la luz sus instintos más primarios, y hasta puede que deje de reconocerse. Pero no tema: es una forma de liberarse de los miedos que le acompañan cada día. Por un lado, está trasgrediendo las normas y, por otro, está consiguiendo desinhibirse.

No obstante, no todo es tan lúdico como parece. Lo peligroso de todo disfraz es creerse que se es el personaje. A usted le corresponde la tarea de poner los límites a ambas personalidades, por más que le atraiga disfrazarse de Marylin o de marinero. Tampoco olvide que bajo todo disfraz hay siempre un engaño, de usted para con los demás, pero también hacia usted mismo.

GLOBO. El globo, en cuanto objeto, simboliza nues-

tro propio interior, una esfera que se contiene a sí misma.

Soñar con globos indica que las esperanzas que tiene puestas en encontrar al amor de su vida pueden sufrir un duro revés.

Soñar con globos negros simboliza que está pasando por una etapa de depresión, sobre todo, si los globos, en vez de ascender, vuelan hacia abajo.

Si un globo explota en su sueño, indica un objetivo o meta no alcanzada.

Si sueña que vuela en globo, es posible que haya logrado atravesar esa depresión por la que estaba pasando. Pero no pierda de vista la realidad y olvídese de construir castillos en el aire.

Un globo en un sueño puede representar también arrogancia. ¿Acaso no se está comportando de una forma demasiado prepotente con su entorno?

MALETA. La maleta es una imagen que asociamos con la idea de un viaje o de una mudanza, y en ella guardamos todas nuestras cosas. Aunque lo más fácil sería pensar que el sueño le anuncia un futuro viaje, en este caso, no es así. Dentro de la maleta sí están sus pertenencias, pero no es su ropa ni sus libros, sino todas esas experiencias que ha ido acumulando durante la vida. Y usted está ahí, parado, con sus recuerdos y sus vivencias, sin saber adónde ir.

Si la maleta le pesa mucho, es porque el pasado se ha convertido en una carga insalvable que usted solo no puede mover. Seguramente, se empeña en volver una y otra vez a repasar sus recuerdos, y éstos le tienen anclado a momentos y a personas que se fueron y ya no están en su vida. Es de todo eso de lo que debe deshacerse, pues con todo ese peso no va a poder dar ni un solo paso adelante. Tal vez su subconsciente le esté reclamando un cambio en su vida pero, para lograrlo, usted mismo está viendo que tiene que prescindir de ciertas pertenencias, si quiere dirigirse a alguna parte.

Si sueña con que ha perdido alguna de sus maletas, puede deberse a que en el largo camino de la vida haya tenido que ir renunciando a ciertas facetas de su personalidad y tal vez le dé miedo no llegar a reconocerse como es ahora. Pero no debe alarmarse: el miedo está en la base de toda evolución. Lo que está haciendo es progresar como perso-na. No se preocupe más por esa maleta. No la busque más porque, seguramente, no va a poder encontrarla.

VIAJE. Viajar es símbolo de un cambio próximo en nuestras vidas. Ese cambio puede producirse porque estemos deseando liberarnos de la rutina que nos impone lo cotidiano o por una mera necesidad psíquica de vivir nuevas experiencias.

Si sueña con un viaje, es esa aventura la que refleja su anhelo de una vida nueva. Su subconsciente pone ante usted una oportunidad de acabar con los horarios preestablecidos y de conocer nuevos mundos y nueva gente.

Si en el sueño el vehículo en el que viaja está sobrecargado de pasajeros, la imagen puede querer decir que está metido en asuntos demasiado peligrosos y arriesgados. También le avisa de que no todas esas personas son honestas, y por ahí podrían venirle los problemas.

Soñar con medios de transporte

BARCO. Un barco esconde tras de sí un significado oculto: es el reflejo de nuestro mundo emocional, de nuestros sentimientos. Nuestro viaje dependerá del estado de las aguas y de cómo se desarrolle la travesía.

Si va a bordo de un barco en aguas tranquilas, el viaje simboliza éxitos y momentos felices. Tal vez el barco traiga consigo un nuevo amor con el que compartir una relación apasionada. No debe decir que no, no debe negarse. El mar en calma le anima a iniciar esta nueva etapa de su vida. Su subconsciente le muestra este momento como esa aventura que lleva tanto tiempo esperando.

Si el barco se alejara hacia alta mar, la imagen le avisa de que está concediendo demasiada importancia a esos anhelos imposibles que tanto persigue. Debe dejar de ilusionarse y contener su fantasía. Nada ni nadie le puede impedir que siga creando mundos paralelos a la realidad, pero debe entender que actuar de esta forma no le va a llevar a ninguna parte.

Si el barco de sus sueños navega hacia una tormenta o naufraga, su subconsciente le

yectos y expectativas con otras personas. Y el coche es el vehículo que le va a llevar tan lejos como usted quiera llegar.

No obstante, a pesar de que ese deseo de cambio pueda, de algún modo, intranquilizarle, pues la rutina del día a día supone la seguridad de lo conocido, no debe preocuparse. Es usted quien dirige el coche y, de la misma forma, será capaz de llevar las riendas del nuevo destino que se abre ante usted.

pone sobre aviso de los posibles resultados negativos a los que le pueden llevar esos asuntos un tanto turbios o peligrosos en los que se ha metido. Piénseselo dos veces antes de seguir con ellos.

COCHE. Al igual que soñar con la realización de un viaje supone un deseo de cambiar de rumbo en la vida, el coche nos lleva a conocer nuevas realidades y nuevos paisajes y gentes.

Si en el sueño es usted quien conduce el coche, su subconsciente le está sugiriendo que encuentre objetivos diferentes a los que le marca la rutina diaria. Ha llegado el momento de descubrir otros mundos. Basta de conformarse con ir a trabajar y de hablar siempre con la misma gente. Usted está necesitado de compartir sus pro-

Si la persona que conduce no es usted, es porque se siente inseguro y le falta madurez a la hora de tomar decisiones. Usted prefiere que sean otros los que se arriesguen y actúen en su lugar, mientras va sentado en el asiento de al lado. Total, así nunca se va a equivocar. Pero su subconsciente se niega a adoptar ese papel de mero espectador. Le está reclamando una intervención más directa en las cosas de la vida.

Si sueña con que le roban el coche, tal vez haya alguien que se oponga a su actitud de cambio. Contemple desde el sueño qué hacen los demás cuando les avisa del robo. Seguro que hay quien le ayuda a encontrar el coche y, también, quien se alegra de la pérdida. Ése es su nuevo adversario. Seguramente, entre usted y él existe una clara rivalidad, y él no quiere que usted vaya por delante.

TREN. El viaje en tren es un viaje iniciático a través de la vida, donde los raíles nos van

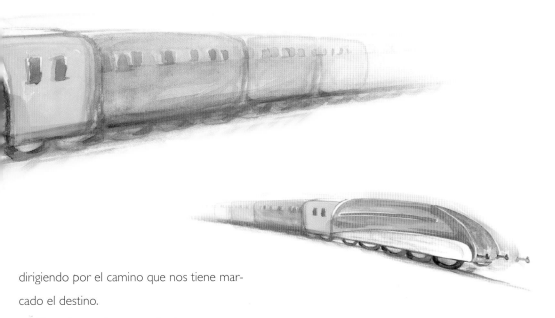

dirigiendo por el camino que nos tiene marcado el destino.

El sueño puede mostrarle el tren en marcha. En ese caso, el tren es símbolo de su forma de vivir apasionada. Usted es de esas personas que prefiere vivir el momento y no preocuparse por lo que pueda ocurrir en el futuro. Hace mucho que decidió disfrutar del presente, vivir sin cortapisas el tren de la vida.

Si el tren se demora y tiene que esperarle, su subconsciente le está haciendo ver que cae en los mismos errores una vez tras otra. No aprende de las experiencias que ya ha vivido. Si es así, debe pararse a reflexionar. Intente recordar cuáles fueron las consecuencias de la última vez que pasó por esta misma situación, y no se empeñe en volver al mismo sitio. Este viaje en tren que es la vida sirve para ir aprendiendo de nuestros propios errores.

Si el tren se detiene cuando ya había iniciado viaje, la imagen le está avisando de que usted también debería frenar su tren de vida. A la larga, de nada le va a valer tanto desenfreno. Intente tomarse la vida con más tranquilidad y controlar sus instintos.

Por último, si el tren se le escapa, si ha llegado tarde a la estación y el tren ya no estaba allí, tenga especial cuidado. Se trata de una señal de alarma. Algo no funciona en su vida. Y sólo usted puede saber de qué se trata.

El hombre y la fuerza de los símbolos

Como ya mencionábamos en la introducción, la vida del hombre está inmersa en el terreno de los símbolos. Desde la cruz verde de las farmacias a los colores de nuestro equipo de fútbol preferido, gran parte de nuestra realidad pertenece a un universo simbólico, que esconde cierto significado oculto tras una relación de mayor o menor semejanza con el elemento que representa.

Entre estos símbolos los hay de carácter icónico, que se relacionan a simple vista con la realidad representada: no hay más que pensar en las nubes o en los soles del mapa del tiempo de un meteorólogo para darnos cuenta de su significado. Pero no todos los símbolos tienen un significado tan directo. Y ésa es la naturaleza de los símbolos del universo onírico: se trata de símbolos con los que solemos encontrarnos en la vida real, pero que en los sueños cobran un significado adicional que amplía, en cierto sentido, su campo de aplicación. Todos conocemos el significado de símbolos como una bandera, una cruz o una balanza pero, ¿qué es lo que quiere decirnos nuestro subconsciente cuando nos hace enfrentarnos a ellos en los sueños? Porque, en este caso, no se trata de un símbolo aislado, sino de una imagen global. El sueño le convertirá a usted en abanderado de una causa o le pondrá delante de una bandera en la cima de una montaña. Tal vez usted comparta con los cristianos el significado de sacrificio cuando se cuelgan al cuello una pequeña cruz, pero su subconsciente añadirá a esta joya un significado más lejano, en cuanto a su relación con el signo mismo, que deberá servirle de advertencia.

Junto a un grupo de símbolos ya establecidos y reconocidos como tal, incluiremos otros menos representativos, aunque no por ello de menor importancia. Entre estos, cobran especial atención una serie de símbolos que forman un grupo bastante homogéneo, en cuanto todos ellos guardan cierto significado de ligadura o atadura. Hablamos, entre otros, de signos como red, hilo y telaraña. A través de estas páginas descubrirá su esencia común y aprenderá qué significa el verse en sueños enredado en un hilo o cuerda o dando manotazos a una tela de araña.

Un espacio aparte lo ocupan cuatro símbolos a los que, desde la antigüedad clásica, se considera los cuatro elementos que componen el mundo material. En este caso, y aunque se defina cada uno de ellos por separado, le proponemos conocer su significado a través de un viaje «iniciático». Prepárese para realizar un viaje purificador por el centro de la Tierra, el aire, el agua y el fuego. De cada una de estas cuatro etapas, irá naciendo un hombre nuevo. Usted mismo se encontrará reflexionando sobre su yo más íntimo y aprenderá qué quiere decir que su sueño le presente agitado por el aire o purificado por el agua.

Soñar con los cuatro elementos

TIERRA, La tierra constituye uno de los cuatro elementos de los que se compone el Universo entero. Además, es la imagen de la Madre, a la que ya Homero cantaba destacando su poder para dar vida y quitársela a los mortales.

Como símbolo onírico, la mayor parte de los sueños presentan al protagonista en un viaje al interior de la Tierra. Por tanto, si en su sueño se ve descendiendo a las profundidades, piense que, realmente, es el comienzo de un viaje iniciático. Su subconsciente le impone este viaje para que reflexione sobre cuál es su destino, para que analice cómo está siendo su vida.

A la tierra se desciende para el reposo eterno, pero es allí también donde se refugian las fuerzas de la Naturaleza y desde donde se nace a la plenitud de la vida. El viaje es un trayecto a la muerte, pero también a la resurrección, al nacimiento de un ser nuevo. Nuestra parte de tierra debe disminuir para que aumente nuestra parte celeste.

Su subconsciente le presenta a usted como candidato a llevar a cabo este viaje de «purificación». Su viaje al centro de la Tierra sugiere su muerte para la vida material, para así poder ascender a la vida espiritual eterna. Allí, en el centro, en cuanto punto más interior, usted se va a encontrar a sí mismo. Es el momento de reflexionar. Piense si en la vida real no se estará aferrando de forma excesiva a lo material porque, de ser así, es ahora cuando debe decidir si quiere seguir adelante en este viaje. Si pasa la prueba, si al descender al fondo de la Tierra se reencuentra consigo mismo, usted se convierte en un neófito, en un recién nacido a la vida. Esta prueba está íntimamente ligada a su persona; es usted quien debe romper con los lazos que le unen a lo material de la vida y al pasado.

Este mito del viaje al interior de la Tierra aparece ya en las primeras civilizaciones. El relato más antiguo se remonta a la diosa sumeria Lananna, hace unos seis mil años, quien descendió a los infiernos (como también se interpreta este viaje) en busca del grano de trigo perdido.

Si en su viaje usted se detiene en este centro de la Tierra, pero no prosigue el proceso de purificación, su mundo estará en el aquí y en el ahora, en la realidad palpable. Su mundo es esencialmente físico e inmediato. A usted le complace la tarea terminada y cumplida. No se dispersa en nada que no vaya a dar un fruto.

Su máxima aspiración es la consecución de objetivos, ya sea encaminados a las posesiones materiales, a mejorar su posición en la sociedad o a alcanzar conocimientos que puedan ser aplicables a la productividad.

Su subconsciente le está brindando la posibilidad de continuar adelante, de ir más hacia lo celeste. La imagen es, pues, un aviso de que, tras este reencuentro consigo mismo, se está acercando un poco más a lo celeste, a su propia alma.

AIRE. Simbólicamente, al aire se le considera, junto al fuego, un elemento activo y masculino. Después del fuego, es el elemento menos denso de la astrología y, como tal, se convierte en el rector del pensamiento.

El aire, en cuanto elemento que conforma el mundo material, es inasible y, por tanto, difícilmente gobernable.

Si en su sueño se ve azotado por el aire, no debe temer ninguna tormenta. Se encuentra usted en el segundo estadio de un viaje iniciático al interior de sí mismo. Tal vez no haya soñado previamente con un descenso al centro de la Tierra, pero debe saber

que, en cierto sentido, o quizá por su propia forma de ser, usted se ha desprendido de lo material y es ahora cuando comienza realmente a «purificarse» en un ascenso hacia lo celeste, hacia un descubrimiento de su alma.

Usted es un recién nacido que acaba de ascender de las profundidades. Su espíritu se encontró allí en presencia de sí mismo. Ya se ha analizado, ya sabe de qué debe desprenderse, tanto material como espiritualmente. Son todas esas experiencias del pasado las que ha tenido que olvidar. Tras «esa muerte» a lo material, con el Aire recibe la primera purificación. Su subconsciente le sitúa en ese primer paso a la vida. No olvide que viene del interior de la Tierra, de los infiernos, para pasar por este soplo vital que le llevará a la purificación del Agua.

Si su viaje termina aquí, en el Aire, su vida está gobernada por una especie de irrealidad onírica. Puede que su subconsciente quiera hacerle ver todos esos castillos en el aire que usted se empeña una y otra vez en levantar. Tal vez esta irrealidad le lleve a vivir en la abstracción o en la actividad artística, pero puede ocurrir también que usted se empeñe, como hombre de aire, a autoconstruirse su propia realidad. Si es así, la imagen del sueño le avisa para que analice lo que realmente ocurre a su alrededor y no se deje llevar por la fantasía. Su mayor meta es la belleza, su subconsciente lo sabe, pero en algún momento tendrá que poner los pies en la tierra y aterrizar a este mundo tangible.

AGUA. El agua es fuente de vida y, como tal, no sólo la encontramos en la Biblia, sino incluso en el lenguaje jeroglífico egipcio y, como diluvio, simboliza la muerte a la que ningún hombre puede negarse.

El agua es también reflejo del alma. Por ello, en su sueño usted puede verse mirándose en el agua, intentando reconocerse. Y, como elemento creador y fecundo, es ahí donde usted encontrará su verdadera esencia en el camino a lo espiritual.

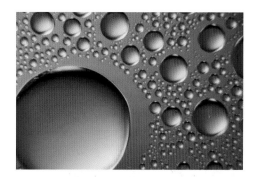

El agua constituye una nueva etapa en un viaje iniciático hacia un redescubrimiento de su yo más íntimo. Usted está en esa fase en la que, tras mirar su reflejo en el agua, ha nacido un hombre nuevo. Y es eso lo que su subconsciente le quiere comunicar: ya ha conseguido desprenderse de lo material, de esas imágenes del pasado que tanto le ataban y ahora comienza una nueva vida.

A pesar de que no hay nada que pueda parar el avance del agua, también es cierto que cualquier fuerza ejercida sobre uno de sus puntos hará vibrar hasta el más lejano. Por tanto, si usted se detiene en esta etapa del viaje, como hombre de agua, su subconsciente le avisa de que debe continuar adelante. Si no lo hace, se convertirá en un ser vulnerable e inestable: al ser el agua el elemento dominante, usted, como ella, fluirá y adoptará siempre la forma del recipiente.

En su vida dominan los deseos, pero siempre vividos como pares de opuestos: el dolor y el placer, la esperanza y la desespe-

ranza. Usted deja que su vida fluya en función de intensas penas y alegrías y, cuando el pasado se le pone delante, no trata de remediar o corregir lo hecho, sino que se empeña en sufrir por ello. Es de esto de lo que le quiere prevenir el sueño. Cierto es que ha llegado hasta este punto de la purificación, pero debe continuar adelante.

El agua es símbolo de purificación. Así queda patente en las sociedades arcaicas que acudían a ella en busca de una nueva vida, hecho que explica la ceremonia del bautismo cristiano. Al mismo tiempo, el agua es vehículo imprescindible para la vida, es el principio fecundador por excelencia, de ahí que la sequía sea símbolo de maldición.

Soñar con aguas limpias, que brotan de un manantial, significa que la persona tiene sentimientos elevados y que va a actuar de forma desinteresada y altruista. Si se trata de aguas que manan de un riachuelo, simbolizan un exceso de pasividad en las emociones. Convendría que se mostrara más abierto a la hora de expresar sus sentimientos.

Las lluvias torrenciales anuncian discusiones o deseos mal canalizados.

Por último, las aguas sucias o estancadas indican que sus sentimientos no son todo lo sinceros que debieran.

Si no llueve, pero hay goteras en nuestra casa, ese sueño anuncia un duelo próximo en la familia. Si vemos manar agua de las paredes, indica duelo por parientes o amigos. Sin embargo, si mana una fuente de agua dentro de la casa del soñador, ese sueño anuncia gran prosperidad material.

Si se ahoga o sueña con unas olas enormes que se aproximan, tendrá que preguntarse si no es porque se siente desbordado por unas emociones que trata de esconder irremediablemente. Trate de admitirlas y de aceptarse a sí mismo.

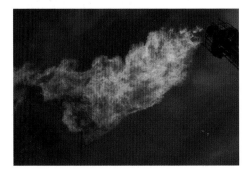

FUEGO. El fuego se asocia con la idea de vida y salud. Los alquimistas lo consideraban símbolo de la transformación, pues todo nace del fuego y a él vuelve. En otros muchos ritos, se destaca su finalidad purificadora y se presenta su poder como fuerza destructora de las fuerzas del mal.

Es el elemento purificador por excelencia pero, al mismo tiempo, es fuente de renovación.

Si en su sueño se ve prendido en fuego, es su subconsciente el que le está censurando su comportamiento o tal vez sea la forma que adopta su remordimiento, que le quema y tortura. Está en el último paso de un viaje iniciático; una vez que el arrepentimiento le purifique y el fuego le deje de torturar, tendrá ante sí el camino hacia la verdad y la luz. Recuerde que no debe quedarse en el mero remordimiento porque, de ser así, vivirá siempre atormentado.

Si usted se decide a ser hombre de fuego, se convertirá en el portador de un ideal y arrastrará a otros para hacer éste realidad y, una vez que lo consiga, se marcará un nuevo objetivo. Pero esta forma de actuar no busca ni concede importancia a los logros obtenidos, que se convierten así en algo secundario, sino en un proceso continuo de autoafirmación. Usted jamás se detendrá a lamentarse del pasado porque éste ya ha dejado de tener carta de naturaleza propia. Sólo debe tener cuidado de no herir a los demás, pues tampoco hacia ellos va a tener la más mínima consideración.

Ya ha llegado al final del viaje. Ahora está en sus manos continuar el camino. Recuerde que a su paso se encontrará una y mil pruebas que le llevarán de nuevo a tener que volver a reencontrarse a sí mismo, en un viaje purificador cíclico.

Soñar con símbolos

ALTAR. Si consideramos el altar como un lugar elevado al que soñamos que llegamos llenos de emoción e, incluso, vestidos de blanco, su imagen nos enfrenta a una situación que puede ser vital para nuestro futuro. El altar significa que se están abriendo ante nosotros nuevas experiencias y aventuras que esperan a que decidamos si queremos correrlas o no.

Tal vez no se trate de nuevas experiencias, sino del indicio de que próximamente vamos a tener que contraer cierto tipo de compromiso, ya sea sentimental, de tipo social o, incluso, de matrimonio.

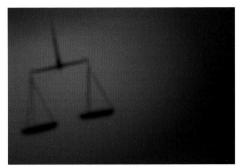

Usted puede inclinarse en el sueño ante el altar como signo de que va a acatar su destino o bien darse media vuelta en señal de rechazo del compromiso. En ese caso, su subconsciente se está mostrando en total desacuerdo a tener que asumir ni una sola obligación más y, menos, si es impuesta.

Si en su sueño junto al altar descubre la presencia de un sacerdote, la imagen simboliza cierto arrepentimiento por su parte en relación con algún tipo de conducta que su subconsciente se lanza ahora a reprocharle. Tal vez se haya comportado de una forma indebida y usted mismo se lo esté echando en cara ahora. En ese caso, el sueño le está dando una oportunidad de tranquilizar su conciencia.

BALANZA. El símbolo de la balanza marca la búsqueda del equilibrio.

Si en su sueño se encuentra con una balanza, lo más seguro es que tenga que enfrentarse a una decisión comprometida. Pero dudará una y otra vez antes de dar el paso,

igual que la oscilación o vacilación de los propios platillos, la mitad del tiempo arriba, y la otra mitad, abajo.

Su subconsciente le está presentando como un ser inclinado a dudar, obsesionado por tener que decidir. Seguramente, buscará a otra persona para que decida por usted, y será a través de ella como encontrará la forma de realizar sus potencialidades. Eso sí, negará la indecisión de su carácter, aunque reflexione largamente para, en el último momento, dejar la decisión a los demás. A usted le aburren esas controversias y conflictos; le agotan físicamente hasta llegar a des-

equilibrar sus nervios. En realidad, lo que subyace es un problema de autoafirmación y de falta de confianza en sí mismo.

Si en la vida real vive una situación de violencia, la balanza le invitará a aplacarla o reducirla. Como símbolo de la serenidad y el equilibrio, está poniendo ante usted los atributos necesarios para la solución del problema.

Puede ocurrir también que la balanza aparezca en sus sueños como advertencia. En ese caso debe equilibrar sus fuerzas. Deje de dudar y de sopesar los pros y los contras de las situaciones. No le dé tanta importancia a las posibles críticas del resto y actúe. Abandone esa conducta dual que tanto le caracteriza y que enfrenta lo que piensa a lo que hace y lo que es a lo que desea ser. Esa dualidad es reflejo de una lucha interna entre los dos extremos, que le fuerzan a tener ese tipo de comportamiento.

BANDERA. Este pedazo de tela colgado a un palo, y muy visible por su color, ha servido a los pueblos en sus empresas guerreras desde la más remota antigüedad para distinguir las distintas facciones de sus ejércitos y para la formación de un orden de batalla.

Soñar con ser el abanderado de un ejército o de un grupo con un proyecto determinado le convierte a usted en el líder del mismo. La bandera es símbolo del éxito, y usted destaca por su fuerza personal y su valor. Los demás le siguen porque saben que es capaz de conseguir sus deseos más elevados. Usted es quien les congrega en torno a una idea común o un ideal. En realidad, usted es el símbolo a quien siguen. Seguramente, se comentan «sus hazañas», la consecución que usted ha conseguido de ciertos logros o victorias, se comenta tanto que las personas que le rodean los recuerdan una y otra vez, y se deciden a seguirle. Además, eso le sirve a usted para emprender nuevos proyectos y nuevas proezas.

Lo único que debe intentar es ser un líder ecuánime, al que no corrompa el poder ahora que saben que los demás le profesan su lealtad. No les desilusione.

CRUZ. La cruz es un signo universal. Los egipcios la llamaban *ankh,* y la consideraban una llave mágica que abría la puerta de la inmortalidad.

Como símbolo, el madero vertical representaría la vida que se nos da desde la esfera de lo celeste, y el madero horizontal, todo aquello que sustenta esta vida en la esfera de lo terrestre. La esencia o la perfecta síntesis de ambos está en la intersección de los dos maderos. Por tanto, la cruz representa la dualidad de los principios antagónicos.

Pitágoras decía que Dios hablaba con números. Al símbolo de la cruz lo relacionó con el número cuatro, que representa el orden del mundo, las cuatro bases que forman el equilibrio de la creación. Así mismo, el cuatro sale del dos, por eso, a la cruz se la identifica con el encuentro de los conceptos contrarios: lo hu-

mano y lo divino, el espacio y el tiempo, el yin y el yang, la libertad y la disciplina.

Y esa misma dualidad es a la que debe prestar atención, si sueña con una cruz. Su subconsciente le está avisando de que en usted se dan también, como en la cruz, dos fuerzas en permanente conflicto y complementariedad. Las facetas de su persona se complementan pero, al mismo tiempo, chocan una con la otra. Este anuncio es para que recapacite sobre ello e intente alcanzar un equilibrio.

También a la cruz se la asocia con el centro donde converge todo, con el árbol de la vida. Por tanto, no considere esta tarea como algo imposible.

Además, la cruz es el símbolo de la materia, en consecuencia, del dolor. Por ello, los astrólogos caldeos le asignaban el signo del infortunio en las cartas astrales, y los celtas atribuían a la runa *nauthiz*, con forma de cruz, el significado del suplicio.

Soñar con una cruz puede ser, por tanto, una advertencia de que se acerca un período de sufrimientos, no necesariamente originados por usted. Tal vez sean desastres de origen natural, un incendio.

Si besa con respeto un crucifijo, indica que soportará los problemas que se le presenten con suma resignación.

Además, si en su sueño ve a una o más personas que cargan con una cruz, quizá de

camino al cementerio, se trata de una premonición de que pronto se le acercará alguien en demanda de ayuda.

CUERDA. Una cuerda, como cualquier otra ligadura, sirve para atar dos cosas entre sí. En el sueño, es usted quien puede verse con las manos atadas. Si así fuera, la imagen tal vez quiere que contemple cómo vive en el mundo real. ¿Acaso reprime sus instintos?, ¿siente miedo cuando se tiene que enfrentar a situaciones desconocidas? Cualquiera de estas dos preguntas pueden ser la respuesta a la imagen. Medite si no se habrá convertido en una persona carente de espontaneidad.

En ese caso, es la razón la que ata sus sentimientos y le impide que los exprese tal y como son. Puede que lo desconocido, incluso un cambio, por muy pequeño que sea, le cause pánico. Y eso es justo lo que le ata.

También pueden ser los compromisos los que le mantienen atenazado. Sin darse cuenta ni saber cómo, ha ido dejando que las exigencias sociales le obliguen a hacer cosas o a comportarse de una forma que ya ni usted mismo se reconoce.

Si sueña con una cuerda de la que lo importante es la longitud, la imagen refleja su estado de salud. Cuanto más larga y firme parezca, más tiempo va a vivir y menor presencia habrá de enfermedades. No así, si la cuerda es quebradiza y se parte fácilmente en trozos o es muy corta.

LABERINTO. Todo laberinto produce en quien se encuentra en él cierta sensación de angustia, pues sus calles y encrucijadas nos confunden hasta el punto de no poder acertar con la salida.

Por tanto, soñar que se encuentra perdido en un laberinto constituye una experiencia que, aun onírica, le producirá un temor opresivo y una sensación de congoja. Pero no tema. La imagen del laberinto, con todas esas calles cruzándose unas con otras entre sí, simboliza su mundo interior. Por algún motivo, el laberinto

da muestras de que usted sufre una enorme confusión mental provocada, sin lugar a dudas, por todos esos recovecos, entradas falsas y cruces de caminos.

El laberinto son sus propios miedos, todas aquellas realidades a las que se siente incapaz de enfrentarse. Además, seguramente, en su sueño usted se ve corriendo sin parar como si algo le persiguiera.

Mantenga la calma porque, si huye de sus propios miedos y no se enfrenta a ellos, jamás alcanzará la salida. Su subconsciente le está poniendo a prueba.

Tras cada una de las calles del laberinto se esconde una trampa y una prueba, a cada cual más difícil y arriesgada. Son las trampas que nos va poniendo la vida cada día que nos impiden llegar a conocer nuestro yo interior. Sin embargo, si logra superarlas, tendrá una recompensa inestimable: llegará a un estado de conocimiento tal que el laberinto desaparecerá como por arte de magia ante sus propios ojos.

HILO. El hilo de la vida. Y es a eso a lo que se refieren los sueños con hebras largas y delgadas, sin interrupción. La vida en ellos se nos presenta como una serie de circunstancias encadenadas en la que una lleva a la otra o siguiente.

Si anda mal de salud o le aqueja alguna enfermedad, y sueña con un hilo sin fin, el hilo corre parejo a su vida, sin interrupción. Por tanto, no tiene nada que temer. Sólo se trata de un mal pasajero. Le quedan muchos años por delante.

Tal vez ese hilo simbolice también la atadura física que mantiene con una persona, pero que a usted le está privando de su libertad. No deje que la costumbre sea quien le una a ella y plantéese esa relación.

Si el hilo está roto, podrían presentársele problemas físicos, pero esto no quiere decir que, de repente, vaya a contraer una enfermedad grave, ni mucho menos. Pero cuídese. Puede estar roto también como aviso de que usted va a romper de forma definitiva

esa relación que empezó hace ya mucho tiempo. En este momento, pende de un hilo, y es usted a quien le toca decidir si merece la pena continuar.

NUDO. Un nudo es un lazo que se estrecha y se va cerrando de tal modo que difícilmente se va a soltar por sí solo, y que cuanto más se tira de los dos cabos, más se aprieta.

Y ése es el significado que tiene todo sueño con nudos de cualquier tipo en cualquier hilo o cuerda. Los nudos son todas esas preocupaciones que hacen que se angustie en la vida real, todas aquellas circunstancias que hacen que sus proyectos o relaciones no salgan adelante.

En el sueño, usted trata una y otra vez de desatar el nudo, pero lo más seguro es que lo único que esté haciendo es apretarlo más. Mire el nudo desde más lejos, como debe hacer con sus problemas, tome perspectiva, y verá cómo sólo así sabrá de donde tirar.

El nudo puede ser también un tipo de atadura. Seguramente, estamos hablando de una relación a la que usted se siente unido, pero en la que se ahoga porque le ha arrebatado el movimiento y la posibilidad de acción. Es el momento de sopesar si le compensa haber perdido su libertad.

RED. Este aparejo tejido con hilos, cuerdas o alambres, trabados en forma de malla, está dispuesto para pescar, cazar o sujetar algo.

Una red, siempre que no sea de pesca, es una señal de advertencia. De alguna forma, usted ha caído bajo la influencia de una o varias personas que están tratando de perjudicarle. Tal vez sean sus propios compañeros, con los que usted compite en su entorno laboral, o alguien que le tiene envidia. Intente salir de esa situación, porque la red se le irá enredando cada vez más. De ser así, no hará sino tropezarse con ella y no logrará librarse de toda una serie de contratiempos y disgustos.

La imagen de la red puede estar advirtiéndole también ante su propia fantasía. Su subconsciente quiere hacerle ver que las cosas no son como usted las presenta. En este caso, son sus propias ilusiones las que le están tendiendo la trampa. Tal vez porque sea incapaz de asumir la realidad como es, usted se empeña en adornarla con datos irreales. Y convénzase: ni las cosas son como usted dice, ni ha conseguido llegar tan alto como cree, ni su relación con tal o cual persona es tan firme como usted quiere.

Si en su sueño se ve tapando algo con una red, está claro que es lo mismo que está haciendo usted en la vida real: en todo momento trata de ocultar la verdadera esencia de las cosas. Analice por qué quiere hacer creer a los demás que las cosas no son como son.

Si la red es una malla de pesca y está vacía, la imagen refleja su sentimiento de impotencia ante las cosas. Parece como si nada le saliera como usted desea. Es cierto que pone

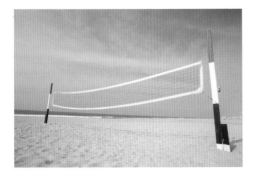

todo el empeño para ser correspondido en sus sentimientos o, al menos, para que sus proyectos se cumplan, pero no olvide que la rueda de la fortuna es caprichosa.

Si la red está llena de peces, es un anuncio de que todo se va a resolver como usted quiere. Por fin su suerte va a dar un vuelco inesperado.

TELARAÑA. La telaraña es un hilo muy tenue. Cuando nos vemos atrapados en sueños por él, la imagen nos está avisando de que hay alguien que está intentado tendernos una trampa. Seguramente, se trata de una persona de nuestro entorno más cercano, alguien en quien estamos confiando sin ningún tipo de reserva. Es él o ella quien teje los hilos en su contra. Debe pararse a reflexionar antes de que esa persona decida acabar con usted.

La telaraña nos impide también ver con claridad la realidad que tenemos delante, y eso nos lleva a realizar juicios erróneos sobre las cosas. Si sueña con una telaraña que le corta el paso, son sus propios recuerdos los que se están adueñando de su mente. Es la nostalgia del pasado. Vive tan aferrado a él, a las experiencias ya vividas, que no consigue disfrutar del presente. Si es así, aférrese al día a día. No abandone lo que tiene delante. Lo ya vivido forma parte del pasado, y no tiene

sentido dejar que eso mine su voluntad y sus ganas de vivir cosas nuevas.

VARA. Vara o bastón, los encontraremos en manos de alguien que le habrá dado una forma determinada para acomodarlos a su oficio: el pastor, el alcalde, el director de orquesta y el rey. Nos preguntaremos qué tienen en común todos estos personajes, y nada más sencillo que acudir al contexto en que cada uno ejerce su función: la vara la llevan ellos porque son los que ostentan el poder.

Y es ése también el motivo por el que su subconsciente le hace aparecer en el mundo onírico con una vara: usted es quien detenta en este momento el poder, pero debe saber cómo usarlo.

Si en el sueño se ve puliendo una vara de madera, está claro que es usted quien lleva el mando, y lo hace de una manera contundente, sin titubeos. De ahí que vaya a conseguir todas las metas que se proponga. Pero si se sorprende dándole con la vara a otra persona, la imagen le quiere hacer caer en la cuenta de que está utilizando el poder de forma despótica. Recuerde que el poder puede emplearse para obrar el bien o el mal, pero sólo en el primer caso se le recordará a usted con aprecio.

Si la vara o bastón le sirven de apoyo porque cojea, el sueño le aconseja que reflexione sobre su forma de hacer las cosas. Claramente, se está equivocando a la hora de tomar decisiones, aunque tal vez la imagen sólo quiera reflejar su falta de seguridad y autoestima.

Índice